大学生通识教育教材

高等学校 实验室安全教育

主　编　陈　余

副主编　李海滨　崔继峰

参　编　刘　飞　郭子涵

机械工业出版社

高等学校实验室是高等学校开展日常教学与科学研究的主要基地，高等学校实验室的安全运行是各项教学、科学研究活动顺利实施的基本保障。作为高等学校实验室安全教育通识课程的教材，本书内容涵盖消防安全、用水安全、用电安全、危险化学品安全、压力容器安全、仪器设备使用安全、辐射安全、实验室个人防护及应急装备、实验室废弃物处理及环境保护、实验室安全事故应急处置、实验室常用安全标志等。

　　本书依据理工科院校办学特点进行编写，详细讲解了高等学校实验室的安全隐患与预防策略，具有内容全面、结构清晰、通俗易懂等特点，可作为本科生高等学校实验室安全教育课程的教材，也可作为科研人员和实验室管理人员的参考书。

图书在版编目（CIP）数据

高等学校实验室安全教育 / 陈余主编. -- 北京：
机械工业出版社，2025. 8. -- (大学生通识教育教材).
ISBN 978-7-111-78305-3

Ⅰ. G642. 423

中国国家版本馆CIP数据核字第2025LH4825号

机械工业出版社（北京市百万庄大街22号　邮政编码100037）
策划编辑：张金奎　　　　　　责任编辑：张金奎　汤　嘉
责任校对：韩佳欣　李　杉　　封面设计：张　静
责任印制：单爱军
保定市中画美凯印刷有限公司印刷
2025年8月第1版第1次印刷
169mm × 239mm · 8.25印张 · 122千字
标准书号：ISBN 978-7-111-78305-3
定价：29.00 元

电话服务　　　　　　　　　网络服务
客服电话：010-88361066　　机 工 官 网：www.cmpbook.com
　　　　　010-88379833　　机 工 官 博：weibo.com/cmp1952
　　　　　010-68326294　　金 书 网：www.golden-book.com
封底无防伪标均为盗版　　机工教育服务网：www.cmpedu.com

高等学校实验室是高等学校进行实践教学和科学研究的主要基地，是全面实施综合素质教育和科技创新能力培养的重要场所。近年来，随着高等学校科研水平的提高及学科建设的迅速发展，实验室建设投入不断增加，实验室安全面临着巨大的压力。

　　为切实提高高等学校实验室安全管理能力和水平，保障校园和谐稳定和师生生命安全，高等学校必须构建科学长效的实验室安全教育体系，切实提升实验室安全管理水平与教育能效，营造安全和谐的教学、科研环境。对大学生进行安全教育、传播实验室安全文化，使师生员工在进入实验室工作和学习之前获得必备的安全知识，意义重大。

　　本书是展示"高等学校实验室安全教育"通识课程教学内容和教学方法的知识载体，也是培养高素质创新人才的重要保证。本书紧紧围绕提升大学生安全素养这一目标，设置多个知识模块，涵盖实验安全通识教育、实验室安全专业知识、实验室安全与应急管理等内容。

　　本书第四、十二章由陈余编写，第一、十一章由李海滨编写，第二章由崔继峰编写，第三、五、六、八、九、十章由郭子涵编写，第七章由刘飞编写。陈余对全书结构、内容进行设计规划，李海滨、崔继峰对全书进行了审阅。内蒙古工业大学实验管理中心王清华、郝波两位老师对本书提出了宝贵意见。编者在编写过程中参考了多部实验室安全教育教材和相关国家标准，力求以简明的语言介绍高等学校实验室安全理论与操作技能等安全知识。但鉴于实验室安全知识涉及面广、专业性强，加之编者水平有限，书中疏漏及不足之处在所难免，敬请读者批评指正。

编　者

2025 年 5 月

CONTENTS　　　　　　　　　　目　录

第 1 章

绪　论

　　高等学校实验室是进行基础实践教学、技能培训、毕业设计、创新实践的重要场所，也是进行科学研究的主要基地，确保进入实验室的学生、教师的人身安全是进行高质量教学的前提和关键。

1.1　高等学校实验室可能存在的安全隐患

　　高等学校实验室在日常教学和科学研究中发挥着重要作用，承担着培养人才和探索科学未知领域的使命。随着我国高等教育快速发展，高等学校实验室硬件和软件建设得到了快速更新、升级，在给高等学校实验室发展带来机遇的同时，也伴随着风险挑战。实验室仪器设备数量越来越多、实验室仪器设备趋向大型化、参与实验活动的师生人数增加、实验室教学科研任务日益繁重等都增加了实验室的安全隐患。

　　高等学校实验室涉及学科领域众多、研究内容和方法丰富多样、安全规范侧重各有不同，但是却表现出了很多共同的特征：

　　（1）本专科生、研究生、教师是高等学校实验室的主体，实验人员集中且流动性大。

　　（2）实验室使用频繁，存放大量贵重仪器设备和重要技术资料。

　　（3）实验室一般都存放种类繁多的化学药品，这些药品往往具有易燃易爆、有毒有害、有腐蚀等特性。

　　（4）部分实验要在高温、高压或者超低温、真空、强磁、微波、辐射、高电压和高转速等特殊条件下进行，部分实验还可能产生有毒物质。

高等学校实验室涉及众多的电气设备、化学试剂、机械仪器、压力容器、射线仪器等，这些仪器设备和化学试剂，在实验过程中由于实验人员的操作失误极可能引发实验室安全事故，轻则对仪器设备造成损坏，重则会对学生、教师的生命安全产生严重危害，使个人、家庭、学校、社会和国家遭受重大损失。正因为这些特点，所以高等学校实验室并不是绝对安全的，而是存在一定安全隐患的。

1.2 高等学校实验室常见事故类型

高等学校实验室常见安全事故主要有火灾、爆炸、中毒、中毒窒息、触电、生物暴露、辐射等。

火灾：火灾是指在时间或空间上失去控制并对生命和财产造成危害的燃烧。

爆炸：爆炸是物质在外界因素下发生的物理、化学变化，瞬间释放出巨大的能量和大量气体，发生剧烈的体积变化的现象。

中毒：中毒是指人体通过饮食、呼吸、注射或皮肤接触等方式，吸收了一定剂量的有毒、有害物质，导致体内的组织、器官受到损害，并引发全身性的症状，甚至可能导致患者死亡的现象。

中毒窒息：中毒窒息是毒物作用使血红蛋白变性或功能障碍，或细胞内氧化酶功能降低、消失，或改变细胞膜的通透性，引起红细胞对氧的运输能力降低及组织细胞对氧的摄取和利用障碍，导致呼吸系统发生障碍而致使呼吸困难甚至停止呼吸的现象。

触电：触电事故中两类典型的事故是电击和电伤。电击是电流通过人体，对机体组织产生刺激，使肌肉非自主地发生痉挛性收缩而造成的伤害。电伤指的是电流的热效应、化学效应、机械效应等对人体所造成的伤害。

生物暴露：生物暴露造成的感染性事故多发生在生物或医药学实验室，主要有细菌或病毒感染、传染事故，外源生物或转基因生物违规释放对生物多样性、生态环境及人体健康产生潜在危害等。

辐射：根据辐射能量大小，可分为电离辐射与非电离辐射。电离辐射又称放射性辐射，其射线是由放射性物质所发出的，放射射线都具有很高的能量，因此需要采取防护措施。非电离辐射能量较低，但也不易长时间接触。

1.3 实验室事故原因分析

高等学校实验室事故主要原因大致可以分为四类，分别是人的因素、物的因素、环境因素和管理因素。

人的因素：主要包括违反规章制度、操作失误、违规使用危险化学品和违规用电。

物的因素：主要包括存放危险化学品、电路老化、生物暴露、辐射危害、仪器设备缺乏保护措施和仪器设备质量问题。

环境因素：主要包括实验场所或存储场所环境恶劣（如高温、潮湿和采光以及通风不足等）、存储条件和废弃物处理不合理。

管理因素：主要包括安全教育不足、应急方案与计划不全面、安全管理制度不健全和实验风险分析不到位。

基于上述分析，高等学校实验室应重点关注和预防人、物、环境和管理的主要因素。实验室管理人员除了需要帮助广大师生提高安全意识之外，更重要的是要让各项规章制度得到真正落实，各单位需要结合自身实验室管理的实际情况，有针对性地开展与实验室管理相关的安全教育和培训考核，切实解决和改善实验室安全管理中的难点，最大限度预防和减少实验室安全事故的发生，保证师生员工的生命安全，保障教学、科研工作的安全开展。

1.4 高等学校实验室安全教育的重要性

高等学校实验室存在诸多的安全隐患，这些安全隐患如果不做好预防措施很可能会造成重大的安全事故，因此对高等学校师生进行安全教育是非常重要的一项工作，让师生了解进入实验室工作、学习并不是想象中的绝对安全，而是存在安全隐患和安全风险。安全教育最终目的是让师生进入实验室前做好充分的准备、掌握相应的实验操作规范、熟知相应的风险应对策略，将安全隐患排除，将风险降到最低。

第2章

消防安全

消防安全知识是每位公民都需要拥有的一种素质，在日常生活和工作中，面对火灾时具备良好的消防知识才能更好地保护自己和他人，避免或减轻财产的损失。火灾是高等学校实验室中最常见的安全事故，加强实验室消防安全教育是保证实验人员安全、科研顺利进行的前提。掌握消防安全知识可预防火灾和爆炸的发生，掌握灭火防爆的技术可在火灾爆炸发生时正确地应对。消防工作的方针是"预防为主，防消结合"，掌握高等学校实验室消防知识可帮助实验人员查找实验中可能存在的安全隐患，采取防护应对措施，预防火灾和爆炸的发生；掌握消防技能可帮助实验人员在火灾、爆炸发生时正确地应对，把损失降到最低。

2.1 消防安全基础知识

2.1.1 燃烧

燃烧是一种很常见的现象，从本质上来说燃烧是一种剧烈的氧化还原反应，反应过程中伴随着发光和发热现象。通常来说，燃烧指可燃物和空气中的氧气发生的氧化还原反应。从广义上来讲，所有发光、发热、剧烈的氧化还原反应都可以称为燃烧。

燃烧的三要素：可燃物、助燃剂和着火源称为燃烧的三要素，必须同时具备这三个条件才能燃烧，缺一不可。

可燃物：可以是固体、液体和气体，分别称为可燃固体、可燃液体、可燃

5

气体。

助燃剂：能帮助和维持燃烧的物质，常见的助燃物有空气和氧气，但不仅仅局限于空气和氧气，比如氯气、氯酸钾、高锰酸钾等氧化性物质均可作为助燃物质。

着火源：能够引起可燃物质燃烧的能源，常见的着火源主要有五种：明火、火花和电弧、危险温度（一般指 80℃以上的温度）、化学反应热、其他热量（辐射热、传导热、绝热压缩热等）。

评判物质是否容易燃烧有三个因素：闪点、燃点和自燃点。

闪点：易燃液体（或者可燃液体，或者具有升华性的可燃固体）表面挥发的蒸气与空气形成的混合气体，当火源接近时会产生瞬间燃烧，这种现象称为闪燃。引起闪燃的最低温度称闪点，当可燃液体温度高于其闪点时，随时都有被火焰点燃的危险。闪点是评定可燃液体火灾爆炸危险性的主要标志，从火灾和爆炸的方面评判，化学品的闪点越低就危险。

燃点：可燃性物质与充足的空气完全接触，到达一定温度时，与火源接触后自行燃烧，并且离开火源后能持续地燃烧，这个温度就称为燃点，燃点一般比闪点高 1~5℃。

自燃点：可燃物在没有外界火种的作用下，因受空气氧化而释放的热量或是因外界温度、湿度变化而引起可燃物自身温度升高进而燃烧的最低温度，称为自燃点。

燃烧的分类一般按照燃烧发生瞬间的特点分或按燃烧物质的状态分。分类情况如图 2-1 所示。

闪燃：遇到火源会一闪而灭的燃烧现象。可燃液体达到闪燃温度时，蒸发出来的气体可以出现燃烧，但是浓度低、数量少，不足以维持长时间的燃烧，所以才会呈现这样一闪而灭的现象。闪燃现象是可燃液体发生着火的前兆。

着火：可燃物质在空气条件下与火源充分接触，升高到一定温度后必定发生燃烧，并且移除火源后能维持燃烧。

自燃：可燃物质在没有外部火源的情况下，因其自身的化学、物理和生物变化而产生热能且不断地累积使温度不断上升，或因环境温度变化而受热后发生的燃烧现象。按照热的来源不同，可分为受热自燃和本身自燃。

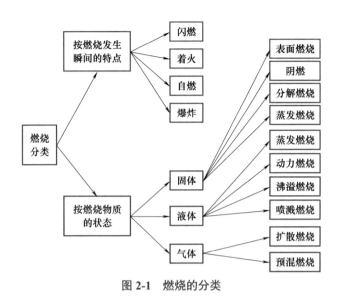

图 2-1 燃烧的分类

爆炸：物质在外界因素下发生的物理、化学变化，瞬间释放出巨大的能量和大量气体，发生剧烈的体积变化的现象。

表面燃烧：蒸气压非常小或者难以热分解的可燃固体，不能发生蒸气燃烧或分解燃烧，当氧气包围物质的表层时，呈炽热状态发生无焰燃烧现象，称为表面燃烧。

阴燃：是指物质无可见光的缓慢燃烧，通常产生烟和温度升高的现象。

分解燃烧：分子结构复杂的固体可燃物，由于受热分解而产生可燃气体后发生的有焰燃烧现象。

蒸发燃烧（固体）：熔点较低的可燃固体受热后熔融，然后与可燃液体一样蒸发成蒸气而发生的有焰燃烧现象。

蒸发燃烧（液体）：易燃可燃液体在燃烧过程中，并不是液体本身在燃烧，而是液体受热时蒸发出来的液体蒸气被分解、氧化达到燃点而燃烧。

动力燃烧：如雾化汽油、煤油等挥发性较强的烃类在气缸中的燃烧。

沸溢燃烧：属于液体燃烧中的一种燃烧现象，常见于含有水分的油品在燃烧过程中，其中的水汽化，不易在黏度大的油品中挥发，以致形成了膨胀气体使液面沸腾，就像烧开的沸水一样的表面现象。

喷溅燃烧：重质油品储罐的下部有水垫层时，发生火灾后，由于热往下传递，若将储罐底部的沉积水的温度加热到汽化温度，则沉积水将变成水蒸气，体积扩大，形成的蒸气压力大到足以把其上面的油层抬起，最后冲破油层将燃烧着的油滴和包油的油气抛向上空，向四周喷溅燃烧。

扩散燃烧：可燃气体从喷口喷出，在喷口处与空气中的氧边扩散混合、边燃烧的现象。

预混燃烧：可燃气体与助燃气体在燃烧之前混合，并形成一定浓度的可燃混合气体，被引火源点燃所引起的燃烧现象。

2.1.2 火灾

提起火灾，通常的印象是失去控制的浓烟和大火。但实际上，火灾并不是突然就出现浓烟和大火，也是从可以控制的小火到不可控制的大火发展起来的。根据可燃物的性质、可燃物量的多少不同而呈现出不同程度的火灾。火灾的发展有可能非常缓慢，也可能突然一瞬间就增大。火灾大致可分为五个发展阶段：初起阶段、发展阶段、猛烈和充分燃烧阶段、下降阶段、熄灭阶段。

初起阶段：火灾的引燃阶段，刚起火时的火灾范围较小，可燃物刚达到燃烧的临界温度，不会产生高热辐射及高强度的气体对流，烟气不大，燃烧所产生的有害气体尚未蔓延扩散，是最佳灭火和逃生阶段。

发展阶段：如果火灾没有得到及时控制，可燃物会继续燃烧，这个阶段为火灾增长阶段，这时的特点是火灾持续燃烧，速度加快，温度升高，而且不断生成大量的热烟气，在此阶段应立即采取一定防护措施，立即逃生。

猛烈和充分燃烧阶段：火灾由初期的增长阶段向充分发展阶段转变的过渡阶段，它的持续时间一般较短。当室内的温度达到600℃以上时，室内绝大多数可燃物均突发性地引起全面燃烧，这种强烈燃烧现象也称轰燃，一旦着火房间发生轰燃，火灾即进入充分燃烧阶段。此阶段为最危险阶段，对扑救人员和被困人员的生命安全威胁最大。

下降阶段：随着可燃物质燃烧、分解，其数量不断减少，火灾将呈下降趋势。此时，气体对流逐渐减弱，但仍要特别注意"死灰复燃"。

熄灭阶段：当可燃物质全部燃尽后，火便自然熄灭，火场温度随之逐渐下降。

现行国家标准《火灾分类》（GB/T 4968—2008）将火灾分为六大类，即 A、B、C、D、E、F 六种类型。了解火灾的类型是进行专业灭火必须掌握的基础知识。六种类型的火灾见表 2-1。

表 2-1　火灾类型

火灾类型		火灾描述
A 类火灾	固体物质火灾	这种物质通常具有有机物性质，一般在燃烧时能产生灼热的余烬
B 类火灾	液体或可熔化的固体物质火灾	比如汽油、煤油、柴油、原油、甲醇、乙醇、沥青、石蜡火灾等
C 类火灾	气体火灾	比如煤气、天然气、甲烷、乙烷、丙烷、氢气火灾等
D 类火灾	金属火灾	比如钾、钠、镁、钛、锂火灾等
E 类火灾	带电火灾	物体带电燃烧的火灾
F 类火灾	烹饪器具内的烹饪物火灾	如动植物油脂火灾

火灾是一类严重的事故，必然造成不同程度的损失，根据火灾造成的损失，2007 年公安部下发《关于调整火灾等级标准的通知》，新的火灾等级标准由原来的特大火灾、重大火灾、一般火灾三个等级调整为特别重大火灾、重大火灾、较大火灾和一般火灾四个等级。火灾等级常常以造成的死亡人数来划分（"以上"包括本数，"以下"不包括本数）。火灾等级划分标准见表 2-2。

表 2-2　火灾等级划分标准

火灾等级	等级划分标准
特别重大火灾	造成 30 人以上死亡，或者 100 人以上重伤，或者 1 亿元以上直接财产损失的火灾
重大火灾	造成 10 人以上 30 人以下死亡，或者 50 人以上 100 人以下重伤，或者 5000 万元以上 1 亿元以下直接财产损失的火灾
较大火灾	造成 3 人以上 10 人以下死亡，或者 10 人以上 50 人以下重伤，或者 1000 万元以上 5000 万元以下直接财产损失的火灾
一般火灾	造成 3 人以下死亡，或者 10 人以下重伤，或者 1000 万元以下直接财产损失的火灾

2.1.3 爆炸

爆炸：物质在外界因素下发生的物理、化学变化，瞬间释放出巨大的能量和大量气体，发生剧烈的体积变化的现象。即物质迅速发生变化，瞬间以机械功的形式放出巨大能量和发出声响，或者气体在瞬间发生剧烈膨胀的现象。爆炸可分为物理爆炸和化学爆炸两大类。

物理爆炸：由某些介质中温度或压力急剧升高而引发。物理爆炸是纯物理过程，只发生物态变换，不发生化学反应。

化学爆炸：指物质在一定条件下发生化学反应，导致能量的剧烈释放而引发的爆炸。化学爆炸是高速放热化学反应。

无论是哪一种爆炸都是在极短的时间内释放能量，而且爆炸的过程都会产生气体，产生的气体处于高压、高密度态，才会膨胀向外做功。

爆炸发生的四个基本因素：温度、压力、爆炸物的浓度和点火源。温度或压力是爆炸发生的前提条件，气体或粉尘混合物处在爆炸极限内和具有点火能是爆炸发生的决定因素。引起爆炸性混合物燃烧爆炸需要的最小能量为最小点火能。最小点火能越小，说明该物质越容易被引燃。爆炸发生的点火能往往非常小，可能的形式包括电火花、摩擦热、静电甚至是光波。

2.2 消防设施

为加强实验室和实验楼的消防安全工作，提高对消防突发事故做出及时响应，有效地控制事态的发展，将火灾事故造成的损失降低到最低限度，实验室和实验楼的建筑都应按照规定装置一些消防器材，用于在紧急时协助他人逃生。在实验室的工作人员，都必须了解各种消防设施，并且能正确使用。

实验楼消防设施是实验楼内用于防范和扑救实验室火灾的设备设施总称。常见的消防设施包括自动报警系统、灭火设施、安全疏散设施、防火分隔物等。

消防器材种类繁多，功能齐全。在日常的生活中，应该熟知常见消防器材的作用；在陌生地方，应有意识地了解周围的消防器材和通道。

2.2.1 灭火器

灭火器是一种可由人力移动的轻便灭火器具，它能在其内部压力作用下，将所充装的灭火剂喷出，用来扑救火灾。由于灭火器结构简单，操作方便，轻便灵活，使用面广，因此是扑救初起火灾的重要消防器材。

灭火器由筒体、器头、喷嘴等组成，借助驱动压力可将所充装的灭火剂喷出，达到灭火的目的。灭火器种类繁多，其适用范围也有所不同，只有正确选择灭火器的类型，才能有效地扑救不同种类的火灾，达到预期的效果。

灭火器按移动方式可分为手提式灭火器和推车式灭火器两类；按驱动灭火剂的动力来源可分为储气瓶式灭火器、储压式灭火器、化学反应式灭火器三类；按所充装的灭火剂可分为泡沫灭火器、干粉灭火器、卤代烷灭火器、二氧化碳灭火器、酸碱灭火器、清水灭火器等种类。实际工作中，应根据燃烧物质的性质，条件和现场的特点，灵活使用。

灭火时应按火灾类别和灭火器的适用性来选择灭火器，各种灭火器的适用性见表 2-3，表中"√"表示适用该类型灭火器，"×"表示不适用该类型灭火器。

表 2-3　灭火器适用性

灭火器类型		水型		干粉型			泡沫型	卤代烷型		二氧化碳
		清水	酸碱	磷酸铵盐	碳酸氢钠	氯化物	空气、化学泡沫	1211	1301	
火灾类型	A	√	√	√	×	×	√	√	√	×
	B	×	×	√	√	×	√	√	√	√
	C	×	×	√	√	×	×	√	√	√
	D	×	×	×	×	√	×	×	×	×
	E	×	×	√	√	×	×	√	√	√
	F	×	×	×	√	×	√	×	×	×

扑灭 A 类火灾，应选用水、泡沫、磷酸铵盐干粉、卤代烷型灭火器。

扑灭 B 类火灾，应选用水、泡沫、卤代烷、二氧化碳型灭火器。但扑灭极性溶剂 B 类火灾不得选用化学泡沫灭火器，因为醇、醛、酮、醚、酯等极性溶剂与化学泡沫接触时，泡沫的水分会被迅速吸收，使泡沫很快消失，这样就不能起到灭火作用。

扑灭 C 类火灾，应选干粉、卤代烷、二氧化碳型灭火器。

扑灭 D 类火灾，即轻金属燃烧的火灾，多采用粉状石墨灭火器和扑灭金属火灾的专用干粉灭火器、氯化物干粉灭火器。

扑灭 E 类火灾，应选卤代烷、二氧化碳、干粉型灭火器。

扑灭 F 类火灾，千万不能用水型灭火器，应选泡沫型灭火器，或用钢盖扑灭。

扑灭 A、B、C、E 火灾，应首先选磷酸铵盐干粉、卤代烷型灭火器。

水基灭火器：水基灭火器为绿色外观的灭火器，其灭火机理为物理性灭火器原理，主要成分包括碳氢表面活性剂、氟碳表面活性剂、阻燃剂和助剂等。这些成分使得其在扑灭固体或液体火灾时具备了优势。水基灭火器在喷射后，呈水雾状，瞬间蒸发火场大量的热量，迅速降低火场温度，抑制热辐射，表面活性剂在可燃物表面迅速形成一层水膜，隔离氧气，降温、隔离双重作用同时参与灭火，从而达到快速灭火的目的。水基灭火器包括清水灭火器、酸碱灭火器及强化液灭火器，所充装的灭火剂分别为清水、酸碱水液及强化水液。使用清水灭火器时，千万不可倒置或横卧，否则将喷不出水来。

干粉灭火器：具有流动性好、喷射率高、不腐蚀容器和不易变质等优点，对大小火灾均可使用。除可用来扑灭一般火灾外，还可用来扑灭油、气等燃烧引起的火灾，但使用后清除粉末时，会对器材有轻微的损伤。

泡沫灭火器：泡沫灭火器与二氧化碳灭火器相似，它是由碳酸氢钠溶液和硫酸铝溶液作用，并加有泡沫剂。起火时，将灭火器翻转，使几种药液混合，即产生二氧化碳气体和氢氧化铝泡沫，直喷火场，这些泡沫像棉被一样，将燃烧物包住，使火熄灭，比二氧化碳灭火效果更强，适用于除电器起火之外的火灾。

二氧化碳灭火器：适用于有机溶剂着火或由电引起的火灾等的灭火。使用二氧化碳灭火器，在开始发生火灾时是非常有效的，灭火之后的危害也较小。

无论哪种类型灭火器，在实际应用中，都应始终遵守以下三点原则：

（1）在室外灭火时，应注意风向，站在上风位置，这样既有利于火的扑灭，又能保护自己不被火烧伤。

（2）灭火时一定要掌握好灭火的距离，防止离火源太近，将人烧伤，应根据实际情况，站在离火源较远的地方将灭火器打开，一边向前喷射，一边向前移动，并围绕火源喷射。

（3）灭火时应将灭火器对准火源根部喷射，用灭火器扑救液体火灾时不能直接冲击液体表面，防止喷溅形成新的火点，造成灭火困难。

2.2.2 消防栓

消防栓主要供消防车从消防给水管网取水实施灭火。也可以直接与水带、水枪连接进行灭火。所以，室内外消防栓系统也是扑救火灾的重要消防设施之一。

消防栓、消防水带和消防枪一起使用，主要操作步骤为：打开消防栓门，按下内部火警按钮（按钮是报警和启动消防泵的）；一人接好水枪头和水带奔向起火点；另一人接好水带和阀门口；逆时针打开阀门，水喷出即可。

2.2.3 防火与安全疏散设施

安全疏散设施：建立安全疏散设施是为了当实验楼内发生火灾时，能使实验楼内的人员尽快转移到安全区域（避难间等），同时也为消防人员提供有利的灭火条件。

安全疏散设施包括安全出口、疏散楼梯、疏散走道、消防电梯、火灾应急广播、防排烟设施、应急照明和安全指示标志等。

防火分隔物：防火分隔物是指在一定时间内能够阻止火势蔓延，且能把整个实验楼内部空间划分出若干较小防火空间的物体，常用的防火分隔物有防火门、防火阀、防火卷帘、防火墙等。

防火分区：防火分区是指采用防火分隔措施划分出的、能在一定时间内防止火灾向同一实验楼的其余部分蔓延的局部区域（空间单元）。实验楼一旦发生火灾，防火分区可有效地把火势控制在一定的范围内，减少火灾损失，同时可以为人员安全疏散、灭火提供有利条件。

防烟分区：防烟分区是指用挡烟垂壁、挡烟梁、挡烟隔墙等划分的，可把烟气限制在一定范围的空间区域。发生火灾时，防烟分区可在一定时间内，将高温烟气控制在一定的区域之内，并迅速排出室外，以利于人员安全疏散，控制火势蔓延和减少火灾损失。

防火间距：防火间距是指相邻两栋实验楼之间，保持适应火灾扑救、人员安全疏散和降低火灾时热辐射的必要间距。也就是指一幢实验楼起火，其相邻实验楼在热辐射的作用下，在一定时间内没有任何保护措施情况下，也不会起火的最小安全距离。

消防通道：消防通道是指消防人员实施营救和被困人员疏散的通道。

每个公民都应自觉保护消防设施，不损坏、不擅自挪用、不拆除消防设施、器材，不埋压、不占用防火间距，不堵塞消防通道。

2.3 高等学校实验室常见火灾爆炸事故原因

高等学校实验室承担各学科、各专业的实验教学，所以会涉及众多化学试剂、实验药品及材料、仪器设备与设施，如果使用和管理不当，很容易产生安全隐患，导致火灾、爆炸等事故的发生。高等学校实验室火灾爆炸事故发生的原因可分为以下5类：

（1）实验室消防管理不到位，违反消防安全的现象时有发生。例如，不按防火要求使用明火引燃周围易燃物品，氧气钢瓶和氢气钢瓶放在一起等。

（2）实验室用电不当，电气设备超负荷运转，线路老化、短路等。例如，忘记关电源，致使设备或用电器具通电时间过长，温度过高引起着火。

（3）易燃、易爆化学品储存或使用不当。例如，在通风不良的实验室使用和制备易燃、易爆气体（如氢气、乙炔等），造成易燃气体聚积达到爆炸极限，一旦遇到火源（如雷电火花、电气火花、静电火花、撞击火花以及其他火源），则可能导致火灾爆炸事故的发生。

（4）实验操作不当，引燃化学反应生成的易燃、易爆气体或液态物质。例如，随便混合化学药品，氧化剂和还原剂的混合物在受热、摩擦或撞击时可能会发生爆炸。

（5）高温仪器设备或静电防护不当引燃易燃物品。例如，烘箱、马弗炉等大功率加热设备周围存放易燃物；产生、使用易燃、可燃液体、气体和粉尘的设备，由于未设置静电导除装置或接地不良等原因，造成静电电荷积聚、放电打火而引起火灾、爆炸事故。

2.4 实验室火灾爆炸事故预防措施

从实验室管理方面来说，预防实验室火灾爆炸事故应做到以下几点：

（1）树立防范意识，掌握消防知识。

（2）严格遵守实验室管理规定，禁止在实验室内吸烟，禁止违规使用电器。

（3）实验前认真检查实验设备的安全性能状况，存在电线或设备故障时禁止使用，并及时报告实验室管理人员。

（4）操作设备时精力集中，严格按照操作规程执行。

（5）使用化学品，特别是易燃易爆化学品时，必须要提前了解所使用化学品的易燃易爆特性及注意事项，严格按照规程进行领取、存放，使用时要谨慎小心，不得擅自脱离岗位。

（6）加强可燃物质的管理：对易燃易爆危险品的使用、储存、运输等，都要根据其特性采取有针对性的防范措施。

（7）了解实验室灭火器材的种类、使用方法，清楚存放位置，一旦出现火情，能够及时进行紧急扑救。

从火灾爆炸事故发生的条件来说，应做到以下几点：

（1）消除着火源：着火源是物质燃烧必备的条件之一，它是火灾的引发因素。在多数情况下，助燃物的存在是不可避免的，因此控制或消除引发火灾的着火源就成为防火防爆的关键。

（2）控制可燃物：物质是燃烧的基础，控制可燃物，就是使可燃物达不到燃爆所需要的数量、浓度，从而消除发生燃爆的物质基础，防止或减少火灾的发生。

（3）隔绝空气：在必要时可以使实验在真空条件下进行，或在设备容器中充惰性介质保护。通常不可燃的惰性气体有氮气、氦气、氖气、氩气、氪气、氙气。

2.5 ▶ 火灾和爆炸的扑灭方法

火灾扑灭方法包括控制可燃物、隔绝助燃物和消灭着火源，这三种措施的目的是阻止燃烧的三要素一起出现。灭火的方法也是基于燃烧三要素，主要包括：隔离空气法、冷却法、可燃物隔离法和化学抑制法。

隔离空气法：指将可燃物质与空气分开，使其缺氧而熄灭。如酒精灯的熄灭是将酒精灯盖封住，隔绝空气致其熄灭。二氧化碳灭火原理是因为二氧化碳比空气重，本身不燃也不支持燃烧，其覆盖在可燃物上可阻隔空气，使火熄灭。

冷却法：用水直接喷射到燃烧的物体上，使温度降至燃点以下，产生水汽、二氧化碳而隔绝空气。水是一种很好的灭火剂，但有些物质的燃烧并不能用水浇灭。如金属钠、钾遇水会发生反应，放出大量热量，甚至会发生爆炸。由电器发生的火灾也不能用水进行灭火，可能会引发触电事故。

可燃物隔离法：将可燃物和火源隔离。如森林的灭火，常常开辟隔离带，使火势的蔓延得到控制。

化学抑制法：用含氮的化学灭火器喷射燃烧物，使灭火剂参与到燃烧中，发生化学作用，覆盖火焰使燃烧的化学链反应中断，使火熄灭。

2.6 ▶ 扑救火灾的一般原则

当发生火灾时，一定要保持镇静，根据可燃物的种类、火势情况、气象条件、现场状况等因素来选择合适的灭火方法进行扑救。扑救火灾时一般应遵循以下原则：

（1）**报警早，损失少**：报警应沉着冷静，及时准确，简明扼要地报出起火部门和部位，燃烧的物质，火势大小；如果拨打 119 火警电话，还必须讲清楚起火单位名称、详细地址、报警人电话号码，同时派人到消防车可能来到的路口接应，并主动及时地介绍燃烧的性质和火场内部情况，以便迅速组织扑救。

（2）**边报警，边扑救**：在报警的同时，要及时扑救，在初起阶段由于燃烧面积小，燃烧强度弱，放出的辐射热量少，是扑救的有利时机，只要不错过时

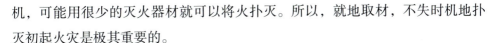

机，可能用很少的灭火器材就可以将火扑灭。所以，就地取材，不失时机地扑灭初起火灾是极其重要的。

（3）**先控制，后灭火**：在扑救火灾时，应首先切断可燃物来源，然后争取灭火一次成功。

（4）**先救人，后救物**：在发生火灾时，如果人员受到火灾的威胁，应贯彻执行救人第一，救人与灭火同步进行的原则，先救人后疏散物资。

（5）**防中毒，防窒息**：在扑救有毒物品火灾时要正确选用灭火器材，尽可能站在上风向，必要时要佩戴防毒面具，以防中毒或窒息。

（6）**听指挥，不惊慌**：平时加强防火灭火知识学习，积极参与消防演练，才能做到一旦发生火灾不会惊慌失措。

2.7 消防安全疏散与自救逃生

实验室的安全出口数量，走道、楼梯和门的宽度以及到达疏散出口的距离等，都必须符合防火设计要求，同时，还应做好各种情况下的安全疏散准备工作，以应对火灾时安全疏散的需要。

2.7.1 疏散方法

发生火灾时，应立即向消防部门报警，同时通报实验室及系、院、所负责人，有关负责人接到报警后，应按计划进入指定位置，立即组织人员疏散。在消防部门未到达火场之前，着火实验室的领导和工作人员，就是疏散人员的领导者和组织者。火场上受火势威胁的人员，必须服从领导、听从指挥，有组织有秩序地进行疏散。公安消防部门到达火场后，由公安消防指挥员组织指挥。着火实验室的领导和工作人员应主动向公安消防部门汇报火场情况，积极协助公安消防部门做好疏散工作。

为了保证安全疏散，应注意以下事项：

（1）**保持安全疏散秩序**：在引导疏散过程中，应始终把疏散秩序和安全作为重点，尤其要防止出现拥挤、踩踏、摔伤等事故。遇到只顾自己逃生，不顾别人的不道德行为和相互踩踏、前拥后挤的现象，要想方设法坚决阻止。同时要制止疏散中乱跑乱窜、大喊大叫的行为，因为这种行为不但会消耗大量体力，吸入更多的烟气，还会妨碍别人的正常疏散，导致现场混乱。

（2）**应遵循疏散顺序**：疏散应按先着火层、后以上各层、再下层的顺序进行，以安全疏散到地面为主要目标。优先安排受火势威胁最大及最危险区域内的人员疏散。建筑物火灾中，一般是着火楼层内的人员遭受烟火危害最重，如疏散不及时，极易发生跳楼、中毒、昏迷、窒息等现象和症状。因此，当疏散通道狭窄或单一时，应首先救助和疏散着火层的人员。着火层以上各层是烟火即将很快蔓延波及的区域，也应作为疏散重点区域尽快疏散。相对来说，下面各层较为安全，不仅疏散路径短，火势殃及的速度也慢，能够容许留有一段安全疏散时间。分轻重缓急按楼层疏散，可大大减轻安全疏散通道压力，避免人流密度过大、路线交叉等原因所致的堵塞、踩踏等恶果，保持疏散有序进行。

（3）**发扬团结互助的精神**：火灾中保护自己顺利逃生是重要的，但也要发扬团结互助的精神，尽力救助更多的人撤离火灾危险境地。

（4）**疏散、控制火势和火场排烟应同时进行**：在进行疏散时，要同时组织力量利用楼内消火栓、防火门、防火卷帘等设施控制火势，启用通风排烟系统降低烟雾浓度，阻止烟火侵入疏散通道，及时关闭各种分隔设施，为安全疏散创造有利条件，使疏散行动安全、顺利地进行。

2.7.2 自救逃生

当火灾降临时，能否成为幸存者，固然与火势的大小、起火时间、楼层高度和建筑物内有无报警、排烟、灭火设施等因素有关，还与被困者的自救能力以及是否懂得逃生的步骤和方法等因素有密切关系。在实施逃生行动之前，一定要强制自己保持头脑冷静，根据周围环境和各种自然条件，选择逃生方式。

火场自救逃生应当牢记以下注意事项：

（1）情绪稳定，不要慌张，熟悉所处环境，根据现场的实际情况采取正确的逃生措施。

（2）善用通道，迅速撤离，尽快跑向就近的安全出口。

（3）不得乘坐电梯。

（4）切勿盲目跳楼。

（5）充分利用各种逃生器材，利用自然条件逃生。

（6）任何情况下，没有得到上级部门有关安全的信息时，不得擅自返回火灾发生地。

2.7.3　火场救人

火场外人员需要进入烟火封锁区域实施救助时，必须佩戴面罩、呼吸器具、导向绳、照明和通信器材等安全防护器具，并应在喷雾射流的掩护下，直接冲入被困人员房间、部位，采用各种可能的但必须是安全的方法进行搜寻和营救。

救助中如果安全疏散通道被烟火封堵，应以水枪开路，扑压明火、烟雾，防止轰燃发生。当有较多的人需穿过被烟封锁的通道时，则应在人流之前，以喷雾水流排烟、降温掩护疏散。在人流之后，以开花水流降温和阻止烟火跟进。当在走廊用喷雾水流排烟时，喷雾遮盖面应以全面封住走廊截面为宜。

处于房间窗口和阳台上的被困人员，当被烟雾笼罩，又暂时不能获得救助疏散时，救助人员应快速进入房间内，利用喷雾水流向房间外驱烟。可使房门半掩，以防烟气倒流。待房间烟气稀少后，关闭房间门并封堵缝隙，防止烟气渗入，并可向房门射水降温，保护其不被烧穿，借以保护困于窗口和阳台上的人员不受烟气侵害。此时，如果房间内烟火共存，最好以喷射高倍数泡沫的方式，达到排烟、灭火和降温的目的。

救助中应以喊话、手摸、耳听、照明等方式，认真查找可能躲藏人的部位，发现一个救一个。如在着火层或以上楼层发现被困人员，安全通道无法利用时，则应利用阳台、窗口，尽可能地采用安全绳、拉梯、挂钩梯等工具向下层安全地点疏散；如无可能，则应向上层安全区域或避难间、楼顶平台转移。人员少时也可利用消防电梯运送。

对于站在阳台、窗口等处呼救的被困人员，要采取外部救人的方法，如利用救生袋、梯桥、外楼梯、缓降器、救生滑梯、云梯车、曲臂登高车、滑绳自救等方式从外部展开救护。如被困人员位于楼顶平台，则可用直升机或临时连接于另一建筑物的滑绳、缆车等救助。对于楼层不高的顶层人员，还可利用软梯、墙梯、救生索、安全绳、救生气垫、救生网、缓降器等救生器材救助。

总之，应根据被困人员所处的位置、环境状况、受威胁的程度，灵活利用建筑物的特点、救生器具和各种可能的方法，积极开展施救行动。

第 3 章

用水安全

实验室用水安全是一个常常被忽视的安全隐患，用水安全问题较为隐蔽，与危险化学品安全、用电安全相比，实验室用水安全常被忽略。如果对水路、阀门等问题不够重视，使用过程中也可能造成事故，如实验室积水或被淹，造成实验室财产损失。因此实验室工作人员和管理人员不能掉以轻心，需要时刻关注实验室用水安全。

3.1　实验室用水的种类

自来水：自来水是指通过自来水处理厂净化、消毒后生产出来的符合相应标准的供人们生活、生产使用的水。生活用水主要通过水厂的取水泵站汲取江河湖泊及地下水、地表水，由自来水厂按照《国家生活饮用水相关卫生标准》，经过沉淀、消毒、过滤等工艺流程的处理，最后通过配水泵站输送到各个用户。自来水是经过多道复杂的工艺流程，通过专业设备制造出来的饮用水。

蒸馏水：蒸馏水是实验室常用的一种纯水，能去除自来水内大部分的污染物，含少量二氧化碳、氨、二氧化硅及一些有机物。新鲜的蒸馏水是无菌的，但储存后细菌易繁殖；储存的容器也很讲究，若是非惰性的物质，离子和容器的塑形物质会析出造成二次污染。

去离子水：去离子水是通过离子交换树脂除去水中的离子态杂质得到的近于纯净的水，仅含 0.01mg/L 的溶解型溶质。一般用于实验室的常规试验、配制常备溶液、清洗玻璃器皿等。应用离子交换树脂去除水中的阴离子和阳离子后，水中仍然存在可溶性的有机物，可以污染离子交换柱从而降低其功效，去离子水存放后也容易引起细菌的繁殖。

反渗水： 反渗水是水分子在高压作用下渗透直径只有 4~10μm 的反渗透薄膜得到的纯水，化学离子和胶体、细菌、病毒、真菌等会被隔离出，相比蒸馏水和去离子水其纯度更高。

超纯水： 超纯水指的是电阻率为 18.2MΩ·cm 的水，是去除了氧和氢以外所有原子的纯水，但很容易受到空气的二次污染。

3.2 实验室用水等级划分

实验室用水一般分为三个级别：一级水、二级水和三级水。

一级水： 用于有严格要求的分析实验，包括对颗粒有要求的实验，如高效液相色谱用水。一级水可用二级水经过石英设备蒸馏或离子交换混合窗处理后，再用 0.2nm 微孔滤膜过滤来制取。

二级水： 用于无机痕量分析等实验，如原子吸收光谱用水。二级水可用多次蒸馏或离子交换制取。

三级水： 用于一般的化学分析试验。三级水可用蒸馏或离子交换的方法制取。

3.3 实验室用水安全规范

（1）了解实验室自来水各级阀门的位置：师生应了解实验楼自来水阀各级阀门的位置；实验室楼宇要有自来水总阀，化学、生物实验室等需设置分阀，总阀由值班人员负责启闭，分阀由相关管理人员负责启闭。一旦有问题出现，应能够及时关闭阀门。

（2）上、下水管道的检查与维修：上、下水道必须保持通畅，水槽和排水渠必须保持畅通；实验室应该安装带有逆流口的水槽，有效避免漏水事件的发生。

（3）实验室发生漏水或排水不畅时，要及时上报维修或疏通。

（4）离开实验室时应检查是否有未关闭的水龙头。

（5）特殊季节注意水管的老化、受冻爆裂等问题。

（6）向水池中倾倒废水时，低浓度废水、无害废水可以直接倒入，危险化学品的废液必须按照危险废弃物处置，不得直接倒入下水道。

（7）禁止使用自来水代替循环水冷却设备。

（8）进入雨季前，应对所有防水设施进行全面检查，发现问题及时处理，确保防水设施的可靠性和有效性。

（9）实验室水路安装和改造必须由专业人员进行，严禁私自安装或改造。

第 4 章

用电安全

电气设备是高等学校实验室不可或缺的一部分。伴随着高等学校实践教学项目的更新、增加，科研实验室的扩展，近年来高等学校实验室内的电气设备种类、数量大量增加，这也导致实验室电气安全事故隐患更加复杂严峻。

电是进行科学实验的基本条件，各种实验的观察、检测、分析等仪器设备都离不开电。用电的同时也存在许多危险，若操作不当，会导致严重的电气事故，电气事故包括人身事故和设备事故，人身事故轻则受点皮外伤，重则使人丧命，造成严重的后果；设备事故轻则造成仪器设备损坏，重则造成火灾，带来巨大的损失。

4.1 电的分类

实验室用电有三类：静电、直流电和交流电。

1. 静电

静电是一种处于静止状态的电荷（流动的电荷就形成了电流）。当电荷聚集在某个物体上或表面时就形成了静电，带电物体接触零电位物体（接地物体）或与其有电位差的物体时电荷会转移，火花放电现象就是电荷转移的结果。

2. 直流电

直流电的电流方向不随时间而变化，通常分为脉动直流电和稳恒电，稳恒电是直流电的一种，其电流大小和方向都不变。

3. 交流电

交流电的电流方向随时间做周期性变化。交流电常见波形为正弦波，此外还有三角形波、正方形波等形式的交流电。生活中使用的市电就是具有正弦波形的交流电。

目前，我国使用的交流电主要为单相和三相（示意图见表 4-1）。单相交流电（市电）用于民用，有单相两线制和单相三线制两种类型，市电的有效值 220V。三相交流电是由三个频率相同、电势振幅相等、相位互差 120° 的交流电路组成的电力系统。三相交流电常用于大功率的用电设备，广泛用于工业用电。目前，我国生产、配送的都是三相交流电，有三相四线制和三相五线制两种类型，三相四线制指三条相线和一条零线（中性线），三相五线制指三条相线、一条零线、一条地线。

表 4-1 单相和三相用电示意图

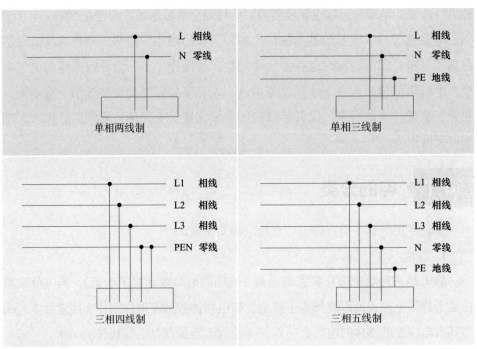

4.2 ▶ 电气安全事故类型与危害

高等学校实验室常见的电气安全事故主要有触电事故、电气火灾事故与电气爆炸事故。

4.2.1 触电事故

触电事故在各类电气事故中尤为常见。一般来说,电击和电伤是触电事故的两类典型。

电击: 按人体触及带电体的方式,电击可分为单相触电、两相触电、跨步电压触电。

电伤: 电伤包括电烧伤、电烙印、皮肤金属化、机械损伤、电光眼等多种伤害。电伤是电流的热效应、化学效应或机械效应对人体造成的局部伤害。

4.2.2 电气火灾事故与电气爆炸事故

电气火灾事故: 电气火灾作为实验室中经常发生的事故类型,一共有五种火灾类型,分别是:漏电火灾、短路火灾、过负荷电压火灾、接触电阻过大火灾、电火花火灾。

电气爆炸事故: 电气火灾的发生一般都会伴随着爆炸事故的发生。实验室电气爆炸事故的主要原因是实验室的设施设备所用电流超过额定值,实验设施设备无法承受过量电流,设施设备发生损坏和爆炸。

4.2.3 电气事故的危害

电气火灾事故与电气爆炸事故的危害: 造成人身伤亡和财产的重大损失。

触电事故的危害: 造成人身伤害,甚至死亡。

触电事故发生时,不同电流强度对人体伤害有较大区别。表 4-2 列出了不同电击电流导致的人体损害,从表中可知,人体受到电击电流越大,受到的伤害越大,严重时会危及生命。

表 4-2　不同电击电流对人体的损害

电流 /mA	人体生理效应
0.4	轻微感觉
1.1	感觉阈值,有针刺感觉
1.8	无害电击,有"麻电"的感觉,未失去肌肉控制感
9	有害电击,感到不能忍受,但还没失去肌肉控制感

（续）

电流 /mA	人体生理效应
16	有害电击，摆脱阈值
23	有害电击，肌肉收缩，呼吸困难
75	心脏纤维性颤动，至颤阈值，10~15s 内会危及生命
235	心脏纤维性颤动，通常在 5s 或更短时间内就能致人死亡
4000	心脏停止跳到，没有心脏纤维性颤动
5000	内部组织严重烧伤

4.3 电气安全事故预防

4.3.1 触电事故的预防措施

实验室触电事故一般是由漏电、短路、过负荷、电火花、违规操作等原因造成的，有针对性地采取相应的预防措施可以减少该类事故的发生。

1. 漏电的预防措施

（1）实验室在进行设计和安装电气线路时，导线和电缆的绝缘程度不应低于网路的额定电压，绝缘子也要根据电源的电压选配。

（2）在特别潮湿、高温或有酸碱腐蚀性气体的实验室，严禁绝缘导线明敷，应采用套管布线。

（3）实验室在进行电气设备及线路安装和施工过程中，注意导线连接的质量及绝缘包扎质量。

（4）在经常有摩擦的地方，应将导线穿入钢管中暗敷在地下。

（5）各种线路在投入运行前，必须用兆欧表测量其线间电阻、线对地的绝缘电阻是否符合绝缘要求。

（6）使用中，线路应定期测量绝缘情况，发现异常情况要及时维修。

2. 短路的预防措施

（1）安装、使用电气设备时，应根据电路的电压、电流强度和使用性质，正确配线。

（2）移动电气设备的导线，应有良好保护层。

（3）导线安装要牢固，防止掉落。

（4）严禁导线裸端直接插在插座上。

（5）禁止将导线悬挂在铁线、铁钉上或将过长导线成捆打结。

（6）电源总开关、分开关均应安装适合使用电流强度的熔断装置，并定期检查电路运行情况，及时消除隐患。

3. 过负荷预防措施

（1）电气线路与用电设备要按照电气规程安装，选用合适的导线截面。

（2）要安装合适的熔断器和保护装置。

（3）不能乱拉电线和接入过多或功率过大的电气设备。

（4）经常检查线路负荷，发现过负荷时，应及时减少用电设备或调换容量较大的电线。

4. 电火花的预防措施

（1）要经常用外部检查和检查绝缘电阻的方法来监视绝缘层的完整性。防止裸露电线和金属体相接触，防止短路。

（2）有易燃易爆液体、气体和粉尘的实验室，应安装防爆或密封隔离式的照明灯具、开关及熔断装置。

（3）禁止在带电情况下，更换灯泡、熔丝或修理用电设备。

5. 违规操作的预防措施

（1）有易燃液体、气体、固体、粉尘、腐蚀性气体的潮湿、高温实验室，应采用耐火防火的特殊绝缘导线及防爆型的照明灯具。

（2）电热设备不得安装在可燃物上或与可燃物接近的位置，有易燃易爆物的实验室不得使用开启式电热设备。

（3）电热设备功率应与电路导线容量相适应，防止过负荷。

（4）用电热设备加热、蒸煮、烘干样品或试剂时，应有专人看管。

（5）增加大容量的电气设备时，应重新设计线路。

（6）电气设备应经常检查，及时清除积聚的粉尘。

（7）对电气设备定期或不定期检查，做详细记录，对严重事故隐患，要及时报告实验室负责人。

4.3.2 实验室电气火灾与电气爆炸事故预防措施

在实验室中，可能存在着易燃易爆的物质，根据实验室电气火灾和电气爆炸形成的原因，排除易燃易爆危险隐患是防止电气火灾和电气爆炸事故的重要方面。具体措施有：

（1）保证高危设备与易燃易爆物质的安全距离。

（2）保持实验室良好通风。

（3）实验室需要加强易燃易爆实验材料的密封，减少和防止易燃易爆物质的泄露。

4.4 安全用电管理规范

4.4.1 实验室安全用电常识与注意事项

1. 实验过程中使用仪器的用电常识

（1）实验室师生在使用仪器时必须注意电压匹配。若两者不相同必须用变压器调压，使之相互匹配方可使用。

（2）精密的实验仪器需要配用交流稳压电源。

（3）计算机类的数字化实验仪器一般需要配备在线式稳压电源。有条件的实验室应配备不间断电源。

（4）大型用电器应采取降压启动方式。

（5）用电较多的实验室的地面和工作台面应铺绝缘橡胶板。

（6）需要安装开关的仪器或线路，开关一定要安装在相线（火线）上。

2. 实验室用电注意事项

（1）实验室内禁止乱拉、乱接电线，禁止私自改接电气线路，不使用老化的电线。

（2）供电线路的安装要符合国家的安全用电标准。

（3）电线接头绝缘可靠，无裸露连接线，地板上的导线应有盖板或护套。

（4）非电气施工专业人员不得擅自拆改电气线路。

（5）定期检查所有供电线路的绝缘状况，发现有绝缘缺陷时应将设备断电，及时上报实验室管理人员，对线路进行修理或更新供电线路。

（6）单相用电设备，特别是移动式用电设备，都应使用三芯插头和与之配套的三孔插座。

（7）实验室使用四孔插座时，必须保证中性线绝对可靠，不能发生断路现象。

（8）实验中，在使用电气设施设备时，实验人员不能离开，并注意实验设施设备的运行状况。

（9）实验室中需直接测量强电的参数或使用自耦变压器时，应使用隔离电源，与电网断开，防止触电事故发生。

（10）正确选用和使用电器。实验室的各种电气设施设备都有一定的适用范围，不要乱用。大型的实验仪器设备需使用独立插座，任何实验室的设施设备都不能长期使用临时接线板。

（11）禁止多个接线板串联使用，以免接线板过载。

（12）禁止多个大功率设备共用一个接线板。

（13）电源插座不宜安装在水槽边，如果确有需要，应安装防护挡板或防护罩。

（14）遵守操作规程，合理使用各种安全用具。

（15）实验室师生在下班、下课前和节假日放假离开实验室前应关闭照明灯具、计算机等电器的电源。即使在工作日，这些电器没有必要开启时，也要随时将其关闭。

（16）为了防止电线受损，不要把电线挂在铁钉上，严禁用湿手、湿物接触电源，严禁用湿抹布擦电线或仪器上的灰尘。

4.4.2 实验室安全用电管理规范

1. 实验室安全用电基本要求

（1）实验室内电气设备及线路设施必须严格按照安全用电规程和设备的要求实施。

（2）在实验室同时使用多种电气设备时，其总用电量和分线用电量均应小于设计容量。

（3）实验室内应该使用空气开关并配备必要的漏电保护器，电气设备和大型仪器必须接地良好。

（4）实验室不能使用木质配电板闸刀开关。

（5）在实验室内，接线板不能直接放在地面上，不能多个接线板串联。

（6）做完实验或离开实验室要及时断电，确保实验装置不带电。

2. 实验室用电安全操作要求

（1）实验室做强电实验时，必须有 2 人以上才可开展实验，实验台要有警示牌或者警示线。

（2）在实验室配电室周围设置醒目的"高压危险、请勿靠近"警告标志，并标明电压等级。

（3）实验室电气设备在未验明无电的情况下，一律认为该设备有电，任何人都不能盲目触摸。

（4）实验需要带电操作时，实验者必须戴绝缘手套或穿绝缘靴。

（5）切勿带电插、拔、接电气线路。

（6）动力电线的端子在不使用时要用绝缘胶带包好，防止误合闸触电。

（7）实验室用电容量的确定要兼顾实验室发展的增容需要，留有一定余量。但不准乱拉乱接电线。

（8）电气设备的安装和使用管理，必须符合安全用电管理规定，大功率实验设备用电必须使用专线，严禁与照明线共用，防止因超负荷用电引起火灾。

（9）可能散布易燃、易爆气体或粉尘的建筑内，所用电气线路和用电装置均应按相关规定使用防爆电气线路和装置。

（10）电气插座请勿接太多插头，以免超负荷引起电气火灾。

第 5 章

危险化学品安全

化学品不仅仅在化工类实验室中出现，其他类型实验室也可能使用化学品，如材料科学实验室、力学实验室均可能用到化学品，部分实验室可能还会用到危险化学品。随着高等学校实验室的快速发展，实验室涉及的危险化学品种类和数量越来越多，对实验室师生的安全意识和应急能力提出了更高的要求。在实验室的教学科研活动中，若对危险化学品的保存、使用缺乏相关知识，则有可能发生损害身体健康、威胁生命和损毁财产的事故。

5.1 危险化学品分类及危害

5.1.1 危险化学品分类

危险化学品指具有毒害、腐蚀、爆炸、燃烧、助燃等性质，对人体、设施、环境具有危害的剧毒化学品和其他化学品。除了危险化学品，其他化学品均视为一般化学品。

《危险货物分类和品名编号》（GB6944—2012）按危险货物具有的危险性或最主要的危险性分为 9 个类别（见表 5-1）。需要注意的是，类别和项别的号码顺序并不是危险程度的顺序。

表 5-1 《危险货物分类和品名编号》（GB6944—2012）对危险化学品的分类

类别	项别	主要类型
第一类 爆炸品	1.1	有整体爆炸危险的物质和物品
	1.2	有进射危险，但无整体爆炸危险的物质和物品

（续）

类别	项别	主要类型
第一类 爆炸品	1.3	有燃烧危险并有局部爆炸危险或局部迸射危险或这两种危险都有，但无整体爆炸危险的物质和物品
	1.4	不呈现重大危险的物质和物品
	1.5	有整体爆炸危险的非常不敏感物质
	1.6	无整体爆炸危险的极端不敏感物品
第二类 气体	2.1	易燃气体
	2.2	非易燃无毒气体
	2.3	毒性气体
第三类 易燃液体	3	本类包括易燃液体和液体退敏爆炸品
第四类 易燃固体，易于自燃的物质和遇水放出易燃气体的物质	4.1	易燃固体、自反应物质和固态退敏爆炸品
	4.2	易于自燃的物质
	4.3	遇水放出易燃气体的物质
第五类 氧化性物质与有机过氧化物	5.1	氧化性物质
	5.2	有机过氧化物
第六类 毒性物质与感染性物质	6.1	毒性物质
	6.2	感染性物质
第七类 放射性物质	7	指任何含有放射性核素并且其活度浓度和放射性总活度超过 GB11806—2019 规定限值的物质
第八类 腐蚀性物质	8	指通过化学作用使生物组织接触时造成严重损伤、通过化学作用严重损伤甚至毁坏其他货物或运载工具的物质或混合物
第九类 杂项危险物质和物品，包括危害环境物质	9	指存在危险但不能满足其他类别定义的物质和物品

5.1.2 危险化学品危害

化学物质在不同状态下会表现出相应的化学、物理、环境和生物方面的危险性。根据现行的《化学品分类和危险性公示通则》（GB13690—2009），危险化学品的危害可分为理化危险性、健康危险性和环境危险性三大类，如图 5-1所示。

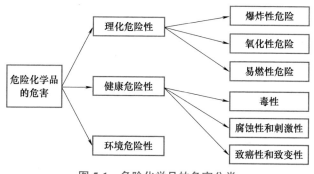

图 5-1　危险化学品的危害分类

1. 理化危险性

危险化学品的理化危险性主要体现在爆炸性危险、氧化性危险和易燃性危险三方面。

（1）**爆炸性危险**：爆炸的一个最重要特征是爆炸点周围介质发生急剧的压力突变，而这种压力突变是产生爆炸破坏作用的直接原因。爆炸分为物理性爆炸和化学性爆炸两大类。

（2）**氧化性危险**：氧化性危险是指化学物质或制剂与其他物质（一般为可燃剂），特别是与易燃物质接触产生强烈的放热反应。所有的氧化性物质都具有助燃作用，会增加反应或燃烧的强度。由于氧化反应的放热特性，这类物质与其他可燃剂接触后，在一定的条件下会发生氧化还原反应并发热，进而有可能发生热积累，最终发生火灾和爆炸事故。另外，大多数氧化剂都具有较高的毒性，按其生物作用，有些为刺激性气体，如硫酸、氯酸和过氧化氢等；有些为窒息性气体，如硝酸烟雾、氯气等。

（3）**易燃性危险**：易燃危险物是指易于燃烧的化学物质，其具有易燃危险性。易燃性危险又可分为极度易燃、高度易燃和易燃三个等级。

极度易燃是指闪点在 0℃以下，沸点低于或等于 35℃的物质或制剂，如乙醚、甲酸甲酯、氢气、乙烷、液化石油气、乙烯、乙炔等物质。它们在环境温度下多为气态，可形成爆炸极限范围较宽的混合气体。

高度易燃性物质是指无须加热，在常温下与火源短暂接触就能起火，火源移去后还能继续燃烧的物质。如闪点低于 21℃的液体物质、烷基铝、磷以及一些溶剂均属于高度易燃性物质。

易燃性物质是指闪点在 21~61℃的液体及一些固体物质。大多数溶剂和石油馏分属于此类。

2. 健康危险性

危险化学品的健康危险性主要体现在毒性、腐蚀性和刺激性、致癌性和致病性三方面。

（1）**毒性**：化学物质的毒性是指可造成人类或动物急性或慢性中毒甚至死亡的性质，通常用动物实验的半致死剂量来表征其毒性的强度。

（2）**腐蚀性和刺激性**：化学物质的腐蚀性是指能够严重损伤活性生物细胞组织的性质。在化工产品中最具有代表性的腐蚀性物质有酸、碱、卤素和含卤素的盐、卤代烃和卤代有机酸四类化合物。此外，还有如硫化氢、过氧化氢等不属于上述四类中任何一类的腐蚀性化合物。

（3）**致癌性和致变性**：化学物质的致癌性是指一些通过呼吸、饮食或皮肤吸收等进入人体而诱发癌症或增加癌变危险的性质，但是对于物质的总毒性却可以测出浓度水平，在此浓度水平以下，物质不再显示出致癌作用。大部分剂量致癌反应的曲线图是经过动物实验得到的，而动物实验的结果与人体作用之间的换算还有待进一步解决。致变性是指诱发生物活性的性质。对于具体诱发生物活性的类型，如细胞、有机体等的生物活性目前还无法确定。致变性也称异变性，受其影响的如果是人或动物的生殖细胞，受害个体的正常功能会有不同程度的变化，如果是躯体细胞，则会诱发癌变。

3. 环境危险性

环境危险主要是指与生态环境、生活密切相关的空气和水的污染。当某些化学物质在水和空气中的浓度超过某一正常值时，它就会危害人或动物的健康，也可以危害植物的生长。环境危险性是一个不易确定的综合概念，是指化学物质的物理化学危险性和生物危险性的综合作用，为了评价化学物质对环境的危险，必须对化学物质的危险性进行全面评价：必须考虑化学物质的危险程度、化学物质流入环境的量、化学物质经过生物和非生物降解的难易程度，以及化学物质的分解产物的性质及其所具有的新陈代谢功能。

5.2　实验室常见危险化学品

5.2.1　爆炸品

定义：包含一种或多种爆炸物质或其混合物的物品。

危险特性有：

敏感性：爆炸品的爆炸性是由物质本身的组成和性质决定的，而爆炸的难易程度则取决于物质本身的敏感度。一般来讲，敏感度越高的物质越易爆炸。

爆炸破坏性：爆炸品一旦发生爆炸，爆炸中心的高温、高压气体产物会迅速向外膨胀，剧烈地冲击、压缩周围原来平静的空气，使其压力、密度、温度突然升高，形成很强的空气冲击波并迅速向外传播。

殉爆性：爆炸品爆炸能引起位于一定距离之外的爆炸品也发生爆炸这种现象称殉爆，这是炸药所具有的特殊性质。殉爆的发生是冲击波的传播作用，距离越近冲击波强度越大。

实验室中常见的爆炸品主要有高氯酸盐或有机高氯酸化合物、硝酸酯类或含硝基的有机化合物、叠氮化合物。

5.2.2　气体危险品

气体危险品根据其危险性质分为 3 类，易燃气体、非易燃无毒气体、毒性气体。

易燃气体：一种在 20℃和标准大气压 101.3kPa 时与空气混合，有一定易燃范围的气体。

非易燃无毒气体：该类气体包括窒息性气体、氧化性气体以及不属于其他类别的气体，但不包括在温度 20℃时压强低于 200kPa 并且未经液化或冷冻液化的气体。非易燃无毒气体又分为 3 类：

（1）**窒息性气体**：会稀释或取代空气中氧气的气体。

（2）**氧化性气体**：通过提供氧气比空气更能引起或促进其他材料燃烧的气体。

（3）**不属于其他类别的气体**：如压缩空气、氧气、二氧化碳。

毒性气体： 毒性气体包括已知对人类具有的毒性或腐蚀性强到对健康造成危害的气体，或急性半数致死浓度 LC_{50}（使青年大白鼠连续吸入 1 小时，最可能引起受试动物在 14 天内死亡一半的气体浓度）值小于或等于 $5000mL/m^3$，对人类具有毒性或腐蚀性的气体。氟气、氯气等有毒氧化性气体，氨气、砷化氢、煤气等有毒易燃气体均属于此类。

⚠ **危险特性有：**

易燃易爆性： 在常用的压缩气体和液化气体中，超过半数是易燃气体。与易燃液体、易燃固体相比，易燃气体更易燃烧，燃烧速度快，着火爆炸危险性更大。

受热胀缩性： 气体受热时，体积就会膨胀，在容器容积不变时，温度与压力成正比，受热温度越高，形成的压力就越高。盛装压缩气体或液化气体的容器当受到高温、日晒、剧烈震动等作用时，压力超过了容器的耐压极限，就会引起容器爆炸，以致气体逸出，遇到明火或爆裂时产生的静电火花，就会造成火灾或爆炸事故。

扩散性： 气体由于分子间距大，相互作用力小，所以非常容易扩散。比空气轻的气体在空气中容易扩散，易与空气形成爆炸性混合物；比空气重的气体往往沿地面扩散，聚集在沟渠、隧道、房屋角落等处，长时间不散，遇到着火源容易发生燃烧或爆炸。

氧化性： 危险气体中很多具有氧化性，包括含氧的气体，如氧气、压缩空气、臭氧、一氧化二氮、二氧化硫、三氧化硫等；还包括不含氧的气体，如氯气、氟气等。这些气体遇到还原性气体或物质（如多数有机物、油脂等）易发生燃烧爆炸。

健康危害性： 该类中的绝大多数气体对人体健康具有危害性，如毒性、刺激性、腐蚀性或窒息性。

实验室中常见的危险气体主要有：氧气、氢气。氧气是强烈的助燃气体，高温下纯氧十分活泼；氢气密度小，易泄漏，扩散速度很快，易和其他气体混合。

5.2.3 易燃液体

定义： 闪点不大于 93℃的液体。

易燃液体按其闪点分为以下 4 类：

（1）闪点小于 23℃且初沸点不大于 35℃。

（2）闪点小于 23℃且初沸点大于 35℃。

（3）闪点不小于 23℃且不大于 60℃。

（4）闪点大于 60℃且不大于 93℃。

⚠ **危险特性有：**

燃烧爆炸性：易燃液体遇火、受热或与氧化剂接触都会发生燃烧或蒸气爆炸。

挥发性：一般易燃液体处于常压的情况下是蒸发式的扩散燃烧，如果液体蒸发出来的蒸气与空气混合到一定浓度，遇火源则是爆炸式的动力燃烧。

受热膨胀性：易燃液体受热后，液体的体积膨胀，同时蒸汽压力也随之增加，若液体储存在密闭的容器中，就会造成容器鼓胀，以致爆炸。所以，为了防止易燃液体的超容，应预留一定的空间。

流动扩散性：易燃液体的黏度一般都很小，容易流淌，还因渗透、毛细管引力、浸润等作用，即使容器只有细微裂纹，也会渗出容器壁外，扩大其表面积，源源不断地挥发，使在空气中的蒸气浓度增高，从而增加了燃烧爆炸的危险性。

带电性：多数易燃液体都是电介质，在灌注、输送、喷流过程中能产生静电，当静电荷聚积到一定程度时，则放电产生电火花，有引起燃烧或爆炸的危险。

实验室中常见的易燃液体主要有：乙醇、乙醚、丙酮。

5.2.4　易燃固体、易于自燃的物质和遇水放出易燃气体的物质

1. 易燃固体

定义：容易燃烧的固体，通过摩擦引燃或助燃的固体。与点火源短暂接触能容易点燃且火焰迅速蔓延的粉状、颗粒状或糊状物质的固体。

危险特性有：

易燃性：易燃固体的着火点比较低，一般在 300℃以下，在常温下很小能量的着火源就能引燃易燃固体。

爆炸性：绝大多数易燃固体与酸、氧化剂，尤其是与强氧化剂接触时，能够立即引起火灾或爆炸。

毒害性：很多易燃固体本身具有毒害性，或燃烧后产生有毒物质。

实验室中常见的易燃固体主要有：硫黄、氨基化钠（$NaNH_2$）。

2. 易于自燃的物质

定义：指自燃点低，在空气中易发生氧化反应放出热量而自行燃烧的物质，包括发火物质和自热物质两类。发火物质是指与空气接触不足 5min 便可自行燃烧的液体、固体或液体混合物。自热物质是指与空气接触不需要外部热源便自行发热而燃烧的物质。

危险特性有：

自燃性：自燃性物质都是比较容易氧化的，接触空气中的氧时会产生大量的热，积热达到自燃点而着火、爆炸。

化学活性：自燃物质一般都比较活泼，具有极强的还原性，遇氧化剂可发生激烈反应、爆炸。

毒害性：有相当部分自燃物质本身及其燃烧产物不仅对机体有毒或剧毒，还可能有刺激、腐蚀等作用。

实验室中常见的易于自燃物质主要有：黄磷，又叫白磷，为白色至黄色的蜡状固体，剧毒；三乙基铝［$Al(C_2H_5)_3$］，无色透明液体，具有强烈的霉烂气味。

3. 遇水放出易燃气体的物质

定义：通过与水作用，容易具有自燃性或放出危险数量的易燃气体的固态或液态物质和混合物。

危险特性有：

遇水易燃性：这是这类物质的共性。遇水、遇潮湿空气、遇含水物质可剧烈反应，放出易燃气体和大量热量，引起燃烧、爆炸，或可形成爆炸性混合物气体，从而造成危险。

自燃危险性：如磷化物（磷化钙、磷化锌等），遇水生成磷化氢，在空气中能自燃，且有毒。

毒害性和腐蚀性：一些遇水放出易燃气体的物质本身具有毒性或放出有毒

气体。由于易与水反应，故对机体有腐蚀性，使用这类物质时应防止其接触皮肤、黏膜，以免烧伤，取用时要戴橡胶手套或用镊子操作，不可直接用手拿。

实验室中常见的遇水放出易燃气体的物质主要有：金属钠、钾，它们遇水发生剧烈反应，生成碱和易燃的氢气，并放出大量的热；氢化铝锂（$LiAlH_4$），在空气中磨碎时可起火。

5.2.5　氧化性物质和有机过氧化剂

定义：氧化性物质是指本身未必可燃，但通常会放出氧可能引起或促使其他物质燃烧的物质。

有机过氧化物是指含有二价 -O-O- 结构和可视为过氧化氢的一个或两个氢原子已被有机基团取代的衍生物的液态或固态有机物。还包括有机过氧化物配制物（混合物）。

⚠ **危险特性有：**

易分解性：氧化性物质和有机过氧化物在外界因素的影响下，都极易发生分解，放出活性氧，与可燃物反应导致燃烧或爆炸。

燃烧爆炸性：有机过氧化物不仅极易分解爆炸，而且本身还特别易燃。

强氧化性：氧化性物质和有机过氧化物最突出的特性是具有较强的获得电子能力，即强氧化性。在遇到还原剂、有机物时会发生剧烈的氧化还原反应，引起燃烧、爆炸，放出反应热。

腐蚀毒害性：绝大多数氧化性物质具有一定的毒性和腐蚀性，能毒害人体、烧伤皮肤。

实验室中常见氧化性物质和有机过氧化物主要有：过氧化氢（H_2O_2）、过氧化二苯甲酰（$[C_6H_5C(O)O]_2$）等。低浓度的双氧水可用于消毒，浓的双氧水具有腐蚀性，其蒸气或雾会对呼吸道产生强烈刺激，眼睛直接接触可致不可逆损伤甚至失明，口服中毒则会导致多种器官损伤，长期接触可致接触性皮炎，过氧化氢本身不可燃，但能与可燃物反应放出大量热量和氧气而引起着火爆炸。

5.2.6　毒性物质

定义：毒性物质是指经吞食、吸入或与皮肤接触后可能造成死亡或严重受伤或损害健康的物质，包括满足下列条件之一的物质（固体或液体）：

（1）急性口服毒性：$LD_{50} \leqslant 300mg/kg$。

（2）急性皮肤接触毒性：$LD_{50} \leqslant 1000mg/kg$。

（3）急性吸入粉尘和烟雾毒性：$LC_{50} \leqslant 4mg/L$。

（4）急性吸入蒸气毒性：$LC_{50} \leqslant 5000mL/m^3$，且在20℃和0.1MPa压力下的饱和蒸汽浓度大于或等于（1/5）LC_{50}。

LD_{50}、LC_{50}是经过统计学方法得出的一种物质毒性的单一计量。LD_{50}为半数致死剂量，指最可能引起受试动物在14天内死亡一半的物质剂量。LC_{50}为急性吸入粉尘和烟雾毒性，指最可能引起受试验动物在14天内死亡一半的蒸气、烟雾或粉尘的浓度。

⚠ **危险特性有：**

毒害性：毒害性是这类物质的主要特性。无论通过口服、吸入，还是皮肤吸入，毒性物质侵入机体后会对机体的功能与健康造成损害，甚至死亡。

溶解性：毒害品在水中溶解度越大，毒性越大。易于在水中溶解的物品，更易被人吸收而引起中毒。

挥发性：毒物在空气中的浓度与物质挥发性有直接关系。在一定时间内，毒物的挥发性越大，毒性越大。沸点越低的物质，挥发性越大，空气中存有的浓度越高，越易发生中毒。

分散性：固体毒物颗粒越小，分散性越好，特别是悬浮于空气中的毒物颗粒，更易被吸入肺泡而使人中毒。

实验室中常接触到的毒性物质主要有：一氧化碳（CO）、氰化钠（NaCN）、硫酸二甲酯 $[(CH_3O)_2SO_2]$。

5.2.7　放射性物质

定义：放射性物质是指任何含有放射性核素并且其污度浓度和放射性总污度都超过《放射性物品安全运输规程》（GB11806—2019）规定限值的物质。放射性物质所放出的射线可对人体组织造成伤害，具有或大或小的危险性，可致病、致畸、致癌，甚至可致死。

危险特性：人体长期或反复受到允许放射剂量的照射能使人体细胞改变机

能，使白细胞增加、眼球晶体浑浊、皮肤干燥、毛发脱落、内分泌失调，也可能损伤遗传物质，引起基因突变和染色畸变，使一代甚至几代人受害。

5.2.8 腐蚀性物质

定义： 腐蚀性物质是指通过化学作用使生物组织接触时造成严重损伤、通过化学作用严重损伤甚至毁坏其他货物或运载工具的物质或混合物。如氢氟酸、硝酸、硫酸、甲酸、氯乙酸、氢氧化钠等，腐蚀品按化学性质可分为酸性腐蚀品、碱性腐蚀品、其他腐蚀品。

⚠ **危险特性有：**

腐蚀性： 具有腐蚀性的物质能与人体、设备、建筑物、构筑物的金属结构发生化学反应，使之腐蚀并遭受破坏，这种性质是所有腐蚀品的共性。

毒害性： 在腐蚀性物质中，有一部分能挥发出具有强烈腐蚀性和毒害性的气体。

氧化性： 无机腐蚀性物质多数本身不燃，但都具有较强的氧化性，有的还是强氧化剂，与可燃物接触或遇高温时，都有着火或爆炸的危险。

易燃性： 许多有机腐蚀物品都具有易燃性，这是由它们本身的组成和分子结构决定的，如冰醋酸、甲酸、苯甲酰氯、丙烯酸等接触火源时会引起燃烧。

实验室中常接触到的腐蚀性物质主要有：硫酸（H_2SO_4），具有强酸性，还具有脱水性和强氧化性；氢氧化钠（NaOH），具有强烈的刺激性和腐蚀性；氯磺酸（$ClSO_3H$），很容易水解，氯磺酸不仅对金属有强烈的腐蚀作用，而且对眼睛也有强烈的刺激作用，还会侵蚀咽喉和肺部；氢氟酸，是氟化氢（HF）气体的水溶液，具有极强的腐蚀性，有剧毒。

5.2.9 杂项危险物质和物品

定义： 杂项危险物质和物品（包括危害环境物质）是指存在危险但不能满足其他类别定义的物质和物品。主要包括：

（1）以微细粉尘吸入可危害健康的物质。

（2）会放出易燃气体的物质。

（3）钾电池组。

（4）救生设备。

（5）一旦发生火灾可形成二噁英的物质和物品。

（6）在高温下运输或提交运输的物质，是指在液态温度达到或超过100℃，或固态温度达到或超过240℃条件下运输的物质。

（7）危害环境物质，包括污染水生环境的液体或固体物质，以及这类物质的混合物（如制剂和废物）。

（8）毒性物质或感染性物质定义的、经基因修改的微生物和生物体。

5.3 危险化学品安全管理

5.3.1 化学品标签

化学品标签以最简洁易读的形式提供该试剂的基本信息，包括危险性及防护措施，因此在使用试剂前，一定要重视并认真阅读化学品标签。化学品标签用文字、图形符号的形式，以清晰明确地表示化学品所具有的危险性和安全注意事项。

一个完整合规的化学品标签其内容主要分为以下9个方面（见图5-2）：

（1）**化学品标识**：用中文和英文分别标明化学品名称或通用名称。名称要求醒目清晰，位于标签上方。名称应与化学品安全技术说明书中的名称一致。对混合物应标出对其危险性分类有贡献的主要组分的化学名称或通用名、浓度或浓度范围。当需要标出的组分较多时，组分个数以不超过5个为宜。对于属于商业机密的成分可以不标明，但应列出其危险性。

（2）**信号词**：根据化学品的危险程度和类别，用"危险""警告""注意"三个词分别进行危害程度的警示。

危险：指爆炸品，易燃气体，有毒气体，低闪点液体，一级自燃物品，一级遇湿易燃物品，一级氧化剂，有机过氧化物，剧毒品，一级酸性腐蚀品。

警告：指不燃气体，中闪点液体，一级易燃固体，二级自燃物品，二级过湿易燃物品，二级氧化剂，有毒品，二级酸性腐蚀品，一级碱性腐蚀品。

注意：指高闪点液体，二级易燃固体，有害品，二级碱性腐蚀品，其他腐蚀品。

当某种化学品具有两种及两种以上的危险性时，用危险性最大的信号词。信号词位于化学名称下方，要求醒目、清晰。

（3）**象形图：**描述危险化学品危险性质的图形。

（4）**危险性说明：**简要概述化学品的燃烧爆炸危险特性、健康危害和环境危害，居信号词下方。

（5）**预防措施：**表述化学品在处置、搬运、储存和使用作业中必须注意的事项，以及发生意外时简单有效的救护措施等内容，简明扼要、重点突出。

（6）**事故响应：**发生危险品意外时应采取的补救措施，此项目要特别注意食入后的处理。

（7）**储存条件：**一般化学品应该室内存储并避免高温、潮湿和阳光直射。

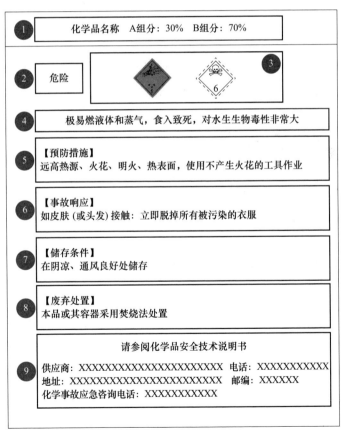

图 5-2　化学品标签

（8）**废弃处置：**一般由专业公司回收处理。

（9）**供应商标识与应急咨询电话：**填写化学品生产商的信息和生产商委托的 24 小时化学事故应急咨询电话。对于国外进口化学品，标签上应至少有一家中国境内的 24 小时化学事故应急咨询电话。

5.3.2　化学品安全说明书

化学品安全技术说明书（safety data sheet for chemical products，SDS），提供了化学品（物质或混合物）在安全、健康和环境保护等方面的信息，推荐了防护措施和紧急情况下的应对措施。

SDS 是化学品的供应商向下游用户传递化学品基本危害信息的一种载体，同时化学品安全技术说明书还可以向公共机构、服务机构和其他涉及该化学品的相关方传递这些信息。SDS 旨在对化学品的安全、健康、环境方面的信息进行规范，建立统一的格式，对如何提供化学品的信息做出具体规定。化学品安全说明书是了解危险化学品性能、有针对性地采取安全预防措施和正确有效地进行应急救援措施的必备文件，也是要求化学品供应商提供的一种技术服务。

5.4　危险化学品的储存

每一类危险化学品都有特有的化学品性。在储存方面，为避免事故发生造成损失，对每一类别的化学品应该按照其特性采取对应的储存方法，设置一系列对应的注意事项。

5.4.1　危险化学品储存的基本要求

储存危险化学品基本安全要求如下：

（1）化学品应储存在有通风设施的药品柜内，有台账并定期更新。

（2）在药品柜内，每一种化学药品必须有一个合适的、指定的储存位置。

（3）化学品必须根据它们的危险特性分类储存，不得将能够发生化学反应的化学品放置在一起。

（4）定期检查储存的化学品是否达到失效期、是否变质、容器是否完整、标签是否完整，如果标签不完整、脱落、破损，则需要重新贴。

（5）工作台上不得长期储存化学品。通风柜不得长期储存化学品。

（6）化学品不得储存在热源附近，不得受阳光直射。

（7）化学品不得储存在地板上。

（8）化学品容器盖子必须盖紧，防止化学品挥发。

（9）实验室不得储存过多的化学品。

（10）酸、碱存放必须有显著标识。

（11）遇水反应的化学品应单独储存，并显著标识"遇水反应化学品"。

（12）自燃化学品应单独储存，储存柜应为耐火柜。

（13）委托储存单位与危险化学品储存单位应对危险化学品按照其特性、防火要求及化学品安全技术说明书中的储存要求，选择经过委托储存单位与危险化学品储存单位双方认可的符合规范的仓储设施进行储存。

（14）危险化学品储存单位应根据危险化学品仓库设计要求，严格控制危险化学品的储存品种、数量。应根据储存危险化学品的特性及其化学品安全技术说明书的要求，实行分库、分区、分类储存，禁忌物品不应同库储存。

（15）爆炸物应专库储存。不应与其他危险化学品混存。

（16）剧毒品应实行"五双"管理（双人验收、双人保管、双人发货、双把锁、双本账）；储存地点、储存数量、流向动态及管理人员的情况应报相关部门备案。

（17）储存危险化学品必须遵照国家法律、法规和其他有关的规定。

（18）危险化学品必须储存在经公安部门批准设置的专门的危险化学品仓库中，经销部门自管仓库储存危险化学品及储存数量必须经公安部门批准。未经批准不得随意设置危险化学品储存仓库。

（19）危险化学品露天堆放，应符合防火、防爆的安全要求，爆炸物品、一级易燃物品、遇湿易燃物品、剧毒物品不得露天堆放。

（20）储存危险化学品的仓库必须配备具有专业知识的技术人员，其库房及场所应设专人管理，管理人员必须配备可靠的个人安全防护用品。

（21）储存的危险化学品应有明显的标志，同一区域储存两种或两种以上不同级别的危险化学品时，应按最高等级危险化学品的性能设置标志。

（22）危险化学品储存方式分为隔离储存、隔开储存、分离储存 3 种。

（23）储存危险化学品的建筑物、区域内严禁吸烟和使用明火。

5.4.2 爆炸品的储存

由于爆炸品在爆炸的瞬间能释放出巨大的能量，会使周围的人、畜及建筑物受到极大的伤害和破坏，因此对爆炸品的储存和运输必须高度重视，严格要求，加强管理。保管人员必须熟悉所保管爆炸品的性能、危险特性和安全保管的基本知识，以及不同爆炸品的特殊要求。

（1）爆炸品仓库必须选择在人烟稀少的空旷地带，与周围的居民住宅及工厂企业等建筑物必须有一定的安全距离。库房应为单层建筑，周围必须装设避雷针。库房要阴凉透风，远离火种、热源，防止阳光直射。库房内部照明应采用防爆型灯具，开关应设在库房外面，物资储存期限应掌握先进先出的原则，防止变质失效。

（2）堆放各种爆炸品时，要求做到牢固、稳妥、整齐，防止倒垛，便于搬运。为有利于通风、防潮、降温，爆炸品的包装箱不宜直接放置在地面上，最好铺垫 20cm 左右的方木或垫板，绝不能用受撞击、摩擦容易产生火花的石块、水泥块或钢材等铺垫，炸药箱的堆垛高度、宽度、长度、垛与垛的间距、墙距、柱距、顶距等均需慎重考虑，不得超量储存爆炸品。

（3）一切爆炸品严禁与氧化剂、自燃物品、酸、碱、盐类、易燃可燃物、金属粉末和钢铁材料器具等混合储存。

（4）点火器材、起爆器材不得与炸药、爆炸性药品以及发射药、烟火等其他爆炸品混合储存。

（5）加强仓库检查，每天至少两次，查看温度、湿度是否正常，包装是否完整，库内有无异味、烟雾，发现异常立即处理，严防猫、鼠等小动物进入库房。

（6）严格管理，认真贯彻"五双管理制度"，做到双人验收、双人保管、双人发货、双把锁和双本账。

5.4.3 易燃液体的储存

（1）易燃液体应储存于阴凉通风库房，远离火种、热源、氧化剂及氧化性酸类。

（2）装卸和搬运中，要轻拿轻放，严禁滚动、摩擦、拖、拉等危及安全的操作。

（3）专库专储，不得与其他危险化学品混放。

5.4.4　易燃固体、自燃物品和遇湿易燃物品的储存

1. 易燃固体的储存

（1）储存于阴凉通风库房内，运离火种、热源、氧化剂及酸类（特别是氧化性酸类），不可与其他危险化学品混合储存。

（2）有些品种如硝化棉制品等，平时应注意通风散热，防止受潮发霉，并应注意储存期限。储运期较长时，应拆箱检查有无发热、发霉、变质现象，如有则应及时处理。

（3）对含有水分或乙醇作稳定剂的硝化棉等应经常检查包装是否完好，发现损坏要及时修理，需要经常检查稳定剂存在情况，必要时添加稳定剂，润湿必须均匀。

2. 自燃物品的储存

自燃物品种类不多，由于其分子组成、结构不同，发生自燃的原因也不尽相同。因此，应根据不同自燃物品的不同特性采取相应的措施，以保证物资的安全，有关储运方面的要求，概括地说，有下列几点：

（1）入库验收时，应特别注意包装必须完整密封，储存处应通风，保证阴凉、干燥，运离火种、热源，防止阳光直射。

（2）应根据不同物品的性质和要求，分别选择适当地点，专库储存，严禁与其他危险化学品混储混运，即使少量也应与酸类、氧化剂、金属粉末、易燃易爆物品等隔离存放。

（3）应结合自燃物品的不同特性和季节气候，经常检查库内及垛间有无异状及异味，包装有无渗湿、破损。

3. 遇湿易燃物品的储存

（1）此类物品严禁露天存放。库房必须干燥，严防漏水或雨雪浸入。注意下水道畅通，暴雨或潮汛期间必须保证库房不进水。

（2）库房必须远离火种、热源，附近不得存放盐酸、硝酸等散发酸雾的物品。

（3）包装必须严密，不得破损，如有破损，应立即采取措施。钾、钠等活泼金属绝对不允许露置空气中，必须浸没在煤油中保存，容器不得渗漏。

（4）不得与其他类危险化学品，特别是酸类、氧化剂、含水物质、潮解性物质混合储存。

5.4.5　氧化剂和有机过氧化物的储存

（1）氧化剂应储存于清洁、阴凉、通风、干燥的库房内。远离火种、热源，防止日光暴晒，照明设备要防爆。

（2）仓库不得漏水，并应防止酸雾侵入。严禁与酸类、易燃物、有机物、还原剂、自燃物品、遇湿易燃物品等混合储存。

（3）不同品种的氧化剂，应根据其性质及消防方法的不同，选择适当的库房分类存放以及分类运输。如有机过氧化物不得与无机氧化剂混合储存。

（4）亚氯酸盐类、次亚氯酸盐类均不得与其他氧化剂混合储存。

5.5 ▶ 危险化学品的个人防护与危险控制

5.5.1　危险化学品的个人防护

实验人员在工作过程中，化学喷溅事故时有发生，化学品可能会少量地飞溅到手上、脸上、眼睛或者身体的其他部位，引起化学腐蚀、化学吸收等伤害。为减小实验室人身伤害事故的发生概率，降低实验风险，保护实验人员的安全、健康，每位实验人员都需要做好个人防护。

1. 眼睛及脸部的防护

（1）实验人员必须戴安全防护眼镜，眼睛及脸部是实验室中最易被事故所伤害的部位，因而对眼睛和脸部的保护尤为重要。

（2）化学物质溅入眼睛后，应立即用水彻底冲洗。冲洗时，应将眼皮撑开，小心地用自来水冲洗数分钟，再用蒸馏水冲，然后去医院进行治疗。

（3）面部防护用具用于保护脸部和喉部。为了防止可能的爆炸及实验产生的有害气体造成伤害，可佩戴有机玻璃防护面罩或呼吸系统防护用具。

2. 手的防护

在实验室中为了防止手受到伤害，可根据需要选戴各种手套。当接触腐蚀性物质、边缘尖锐的物体（如碎玻璃、木材、金属碎片）、过热或过冷的物质时，均须戴手套。手套必须爱护使用，以确保无破损。防护手套主要有以下几种：

（1）聚乙烯一次性手套：用于处理腐蚀性固体药品和稀酸（如稀硝酸），但该手套不能用于处理有机溶剂，因为许多溶剂可以渗透聚乙烯，从而在缝合处产生破洞。

（2）医用乳胶手套：该类手套用乳胶制成，经处理后可重复使用。由于这种手套较短，应注意保护手臂，该手套不适于处理烃类溶剂（如己烷、甲苯）及含氯溶剂（如氯仿），因为这些溶剂会造成手套溶胀而损害。

（3）橡胶手套：橡胶手套较医用乳胶手套厚，适于较长时间接触化学药品。

（4）帆布手套：一般用于高温物体。

（5）纱手套：一般用于接触机械的操作。

3. 身体的防护

（1）所有人员不得穿凉鞋、拖鞋，严禁化学品工作人员穿高跟鞋进入实验室，应穿平底、防滑、合成皮或皮质的满口鞋。

（2）所有人员进入实验室都必须穿工作服，其目的是防止皮肤和衣服受到化学品的污染。

（3）工作服一般不耐化学药品的腐蚀，故当其受到严重腐蚀后必须更换。

（4）为了防止工作服上附着的化学药品的扩散，工作服不得穿到其他公共场所，如食堂、会议室等。

（5）每周清洗工作服一次。

5.5.2　危险化学品的危害控制

为尽可能减小危险化学品带来的危害，在实验过程中对于危险化学品的使用应遵循以下原则：

（1）计划好所需反应产物的量，并且只合成所需要的量。

（2）寻找可以有效减少实验步骤的合成路线。

（3）提高产率。

（4）将未用的原料储存好，以备他用。

（5）尽可能回收或再利用原料和溶剂。

（6）与那些可能用到同一种化学品的同事/同学合作，分担花费。

（7）需要分析测试时，使用可实现的最灵敏的分析方法进行测量。

（8）比较自己合成和购买的成本及造成的危害，选择相对经济、环保的方式。

（9）将无毒废物和有毒的废物进行分离。

（10）用微型/微量试验替代常规试验。

（11）使用更安全的溶剂和药品。

（12）尽可能选择无毒和危险性低的药品进行实验能有效提高实验室的安全性。

5.6 化学实验安全操作规范

1. 实验前的准备

（1）开始实验前，实验人员应熟悉实验程序和设备的使用，熟悉电闸的位置，了解所用试剂的特性、防护措施以及应急措施。

（2）按需要穿戴实验服、手套、护目镜、口罩、呼吸器等。

（3）实验前，检查仪器有无裂痕、破损，特别是对于反应体系压力、温度变化大的实验。

（4）从事危险性实验操作，必须两人以上在场，但不能两人同时操作。

2. 实验操作注意事项

（1）不允许在不了解化学试剂性质时将试剂任意混合。

（2）使用易燃易爆试剂时，一定要了解其性质，注意安全。

（3）对于加热、生成气体的反应，不得形成封闭体系。

（4）应该小心滴加、冷却的反应，要严格遵守操作规程。

（5）对于容易爆炸的反应物，如过氧化物、叠氮化合物、重氮化合物，在使用时要特别小心。

（6）进入易燃气体、易燃液体、易燃固体和爆炸品仓库的作业人员，应穿具有防静电功能的工作服，不应穿带钉鞋，在进入仓库前应消除人体静电。

（7）进入有毒气体、易燃气体、易燃液体、强酸、毒害品仓库作业前，应先通风后作业。

（8）闪点在 28℃以下的易燃液体在夏季高温期出入库作业，宜安排在早晚或夜间时段。

（9）储存仓库内禁止进行开桶、分装改装、物流加工等作业，这些作业应在专用场所进行。

（10）发现包装破损时应及时修整或更换包装；包装变形但未泄漏的，单独区域进行存放，并制定处置措施；如包装破损，发生泄漏，应启动应急相应程序，及时处理。

（11）化学实验操作必须按照相应的化学实验操作规程进行，不允许擅自改动操作内容，删减、调整操作步骤。

（12）进行危害物质、挥发性有机溶剂、特定化学物质或其他环保部门列管的毒性化学物质等化学药品操作实验或研究，必须要穿戴防护具（如防护口罩、防护手套、防护眼镜）。

（13）禁止独自一人在实验室做危险实验。

（14）做危险性较大的实验时必须经实验室主任批准，同样要有两人以上在场方可进行，节假日和夜间严禁做危险性实验。

（15）实验室经常通风，即使在冬季，也应适时通风。

06

第6章

压力容器安全

压力容器可提供一个能够盛装介质并且承受其压力的密封空间。压力容器常见事故有爆炸、泄漏、火灾、中毒以及设备损坏等类型。

6.1 压力容器的定义与分类

压力容器的定义：压力容器通常是指盛装气体或者液体，承载一定压力的密闭设备，材质包括金属及非金属。具备下列三个条件的容器称为压力容器：

（1）工作压力（p_w）≥ 0.1MPa。（工作压力不包含液体静压力。）

（2）内直径（如果是非圆形截面，用最大尺寸）≥ 0.15m 且容积 $V \geq 0.025$m³。

（3）盛装介质为气体、液化气体或最高工作温度高于等于标准沸点的液体。

压力容器的分类

压力容器的分类方法很多，常用的分类方法见表 6-1，表中列出了常用的 5 种分类方法。

表 6-1 压力容器分类

序号	分类方法	分类
1	按压力等级、容积、介质的危害程度及生产过程中的作用和用途分类	第三类压力容器
		第二类压力容器
		第一类压力容器

（续）

序号	分类方法	分类
2	按承受压力的等级分类	低压容器（代号 L）
		中压容器（代号 M）
		高压容器（代号 H）
		超高压容器（代号 U）
3	按盛装介质分类	非易燃、无毒
		易燃或有毒
		剧毒
4	按工艺过程中的作用不同分类	反应压力容器（代号 R）
		换热压力容器（代号 E）
		分离压力容器（代号 S）
		储存压力容器（代号 C，其中球罐代号 B）
5	按使用位置分类	固定式压力容器
		移动式压力容器

详细介绍如下：

1. 按压力等级、容积、介质的危害程度及生产过程中的作用和用途分类

（1）**第三类压力容器**。满足以下情况之一的称为第三类压力容器：

高压容器；

中压容器（仅限毒性程度极高和高危害介质）；

中压储存容器（仅限易燃或毒性程度为中度危害介质，且 $pV \geq 10\text{MPa} \cdot \text{m}^3$）；

中压反应容器（仅限易燃或毒性程度为中度危害介质，且 $pV \geq 0.5\text{MPa} \cdot \text{m}^3$）；

低压容器（仅限毒性程度和高度危害介质，且 $pV \geq 0.2\text{MPa} \cdot \text{m}^3$）；

高压、中压管壳式余热锅炉；

中压搪玻璃容器；

使用强度级别较高的材料制造的压力容器（指相应标准中抗拉强度规值下限大于等于 540MPa）；

移动式压力容器；

球形储罐（容积 $V \geq 50\text{m}^3$）和低温绝热容器（容积 $V \geq 5\text{m}^3$）。

（2）**第二类压力容器**。满足以下情况之一的［第（1）条规定的除外］称为第二类压力容器：

中压容器；

低压容器（仅限毒性程度为极度和高度危害介质）；

低压反应器和低压储存容器（仅限易燃介质或毒性程度为中度危害介质）；

低压管壳式余热锅炉；

低压搪玻璃压力容器。

（3）**第一类压力容器**。低压容器为第一类压力容器［第（1）（2）条规定的除外］。

2. 按承受压力的等级分类

（1）**低压容器**（代号 L）：$0.1\text{MPa}<p<1.6\text{MPa}$。

（2）**中压容器**（代号 M）：$1.6\text{MPa}<p<10\text{MPa}$。

（3）**高压容器**（代号 H）：$10\text{MPa}<p<100\text{MPa}$。

（4）**超高压容器**（代号 U）：$p>100\text{MPa}$。

3. 按盛装介质分类

（1）非易燃、无毒。

（2）易燃或有毒。

（3）剧毒。

4. 按工艺过程中的作用不同分类

（1）**反应压力容器**（代号 R）：主要用于介质的物理、化学反应的压力容器，如反应塔等。

（2）**换热压力容器**（代号 E）：主要用于完成介质热量交换的压力容器，如热交换器、冷凝器。

（3）**分离压力容器**（代号 S）：主要用于完成介质的流体压力平衡和气体净化分离。如分离器、缓冲器、分汽缸等。

（4）**储存压力容器**（代号 C，其中球罐代号 B）：主要用于储存、盛装气体、液体、液化气体等介质的压力容器，如各种形式的储罐。

5. 按使用位置分类

（1）**固定式压力容器**：有固定的安装和使用地点，用管道与其他设备相连。

（2）**移动式压力容器**：无固定安装和使用地点，如铁路罐车、汽车罐车。移动式压力容器的一个重要分支就是气瓶，它的特点是数量大、使用范围广、充装的气体种类多、重复使用率高。

6.2 压力容器的危险性

由于压力容器内有着很大的压强，易于失去密封介质的能力，表现形式分为爆炸和泄漏两大类。由于其盛装的物质比较复杂，如果是可燃介质逸出，可造成爆炸、火灾；如果是有毒介质溢出，则会造成中毒以及环境污染。尤其是压力容器介质盛装量较大的时候，发生事故的后果会更为严重。因此，压力容器的安全至关重要。其常见的危险性如下所述。

设备本身存在危险性：对于设备本身而言，其质量问题是非常重要的，如设备刚度、强度不符合设计要求，会造成设备稳定性差。此外设备的管道也可能会产生渗漏、密封性差的状况。

电磁辐射存在一定的危险性：使用带电设备是确保锅炉压力容器正常运行的重要内容，设备如果发生漏电，会对检查人员的安全造成危害，同时还会产生静电与辐射现象，上述问题均易发生爆炸以及触电事故，造成的危险性极大。

粉尘、有害气体存在的危险性：锅炉在运行的过程中，不管是燃料还是水均有可能造成空气污染，同时会给检验人员的呼吸道造成影响，除此之外高温蒸汽设备和热水运行设备也有造成烫伤的危险。

环境因素存在的危险性：锅炉压力容器的运行环境比较恶劣，如通风性比较差、作业空间狭小，在这种环境中检验会造成人体损伤，甚至有中毒和窒息的危险。

检验人员存在的危险性：在检验的时候，若是检验人员自身体质较差，或者身体机能有缺陷，也会产生危险。例如，检验人员的视力有问题，或者有哮喘病以及心脏病等，使得检验工作无法按规章制度开展。

6.3 压力容器的安全使用

压力容器的使用存在极大的危险性，所以使用压力容器一定要严格遵守压力容器安全使用的相关规定。具体的安全规范如下：

加强相关设备质量控制：对锅炉压力容器进行检验时，所有的设备设施都必须要处于正常运行状态下，且要保证其运行质量。所使用的设备设施都要经过严格检验，确保其性能指标符合要求后方可进入工作场地应用。做好安全防范工作，加强安全防护设施建设，确保检验工作的所有环节中使用的设备设施都是完好的。

领导层应重视，并制定管理制度：在使用锅炉的过程中应该明确认识到检验工作的重要性，并且在使用中逐步完善锅炉的管理制度；有效认识到锅炉使用的危险性，并探索出相关的预防措施。

做好电磁辐射的防范：在对锅炉压力容器进行检验前，首先要对其相关的电气设备进行专业检查，确保其接地装置和漏电保护装置都处于正常工作状态，并在此基础上，要求所有的检验人员都用绝缘及防辐射的装备武装起来，使用安全电压进行检验工作，以避免发生人身伤害。另外，还要加强安全警示管理，在电磁辐射范围内禁止非工作人员入内，并做好放射源的管理工作。

高低温物质的预防策略：对于高低温物质的预防策略，最常用的也是最有效的方法就是用警示牌明确标识，而且要按照一定的周期进行全面巡查。

粉尘预防策略：对粉尘造成的危害，主要的预防策略是彻底清扫沉降物，一定要人工清扫，切不可使用机械进行粗略的吹扫，同时工作人员在进行检验时，一定要穿戴好防护器具，尤其是防护面具。

易燃易爆预防策略：易燃易爆是锅炉压力容器检验中切不可出现的事故，一旦发生，后果不堪设想。因此，在进行了彻底的吹扫以后，一定要对抽样测试高度重视。尽管抽样监测点很多，在没有经过批准的情况下，切不可动用明火。

有毒和腐蚀性物质的预防策略：对于有毒物质和带有腐蚀性的物质，要进行彻底的吹扫和收集，甚至要中和置换，同时，要进行多点测试和动物实验测试。此外，工作人员一定要佩戴防毒防腐蚀面具，对酸碱物质派专人保护。

压力试验预防策略：对于压力试验可能造成的危害，要尽量配备压力等级与其相适用的设备和压力表，量程要为试验压力能达到的 2~3 倍最为合适，在进行试验介质的选择时，水压试验一定要用纯净水质，用于气压试验的气体一定不能使用有毒和易燃易爆的气体，通常使用压缩空气或者氮气。

环境因素的预防策略：对于环境因素造成的危害，要从以下三个方面着手：首先，在进行机械通风的选用时，要明确通风方式，切不可用氧气瓶直接进行增氧；其次，要加强内外监控联络人员的设置；再次，要科学设置内部检验系统实施状态的标识，不同的实施状态要有明显区别的标识。

人为因素的预防策略：针对人为因素造成的危害，要加强对工作人员体能的重视，选择身体健康的人员上岗就业；同时要保证劳逸结合，切不可搞疲劳战术。

6.4 压力容器管理制度

压力容器管理制度条例如下：

（1）必须使用具有压力容器生产资质厂家的产品，并通过相应压力的安全检测。

（2）压力容器使用前，应当办理注册登记。取得特种设备使用登记表和特种设备使用登记证。

（3）压力容器应当按照国家有关规定进行定期检验，经特种设备检测部门检验合格后方可继续使用。

（4）压力容器的使用人员必须经过专门培训并取得相应的资格证书，严格按照压力容器操作规程操作。

（5）非压力容器负责人使用压力容器，应当得到压力容器负责人的许可。

（6）学生进行与高压力有关的实验必须得到指导教师同意，并在教师指导下进行。

（7）压力容器使用过程中如果发现异常现象，应当立即停机，并告知压力容器负责人。

6.5 压缩气体钢瓶

压缩气体钢瓶属于移动式的压力容器，除具有固定式压力容器的特点外，还有一些特殊的要求。比如气瓶在移动、搬运的过程中，易发生碰撞而增加瓶体爆炸的危险；气瓶在使用时一般与使用者之间没有隔离措施或其他防护措施。

所以，要保证气瓶的安全使用，除了要求符合压力容器的一般要求外，还有一些专门的规定：

（1）一切易燃、易爆气瓶的放置地点严禁靠近热源，必须距明火 10m 以外，存放气瓶的仓库必须符合环保、防火、防油、防爆的安全要求。

（2）严禁和易燃物、易爆物混合放在一起。

（3）严禁与所装气体混合后能引起燃烧、爆炸的气瓶一起存放。

（4）应存放在通风良好的场所，严禁将气瓶存放在日光暴晒的地方。

（5）入库的空瓶与实瓶应分别放置，并有明显标识，如有必要可对空瓶进行标识。

（6）盛装有毒气体的气瓶，不得与其他气瓶混放。

（7）气瓶上写明瓶内气体的名称，确认"满、使用中、空瓶"三种状态。必须保持气瓶的漆色和字样符合规定，不得更改气瓶的钢印和颜色标记，确保瓶帽和防震圈完好，气瓶必须保持干净无任何油污，气瓶无裂纹凹陷现象。

（8）氧气瓶和氧化性气体气瓶与减压器或汇流头连接处的密封垫，不得采用可燃性材料。

（9）严禁对已充气的气瓶进行修理。

（10）严禁用超过 40℃的热源对气瓶加热，瓶阀冻结时，严禁用火烘烤。

（11）压缩气体钢瓶应直立使用，务必用框架或气瓶柜等固定，钢瓶不能卧放。

（12）不可将钢瓶内的气体全部用完，一定要保留 0.05MPa 以上的残留压力（减压阀表压）。可燃性气体（如乙炔）应剩余 0.2~0.3MPa。

（13）使用过程中必须注意观察钢瓶的状态，如发现有严重腐蚀或其他严重损伤，应停止使用并提前报检。

（14）有供应商提供的气瓶定期检验合格标识，无超过检验有效期的气瓶，无超过设计年限的气瓶。

（15）涉及有毒、可燃气体的场所，配有通风设施和相应的气体监测和报警装置等，张贴必要的安全警示标识。

（16）管路材质选择合适，无破损或老化现象，定期进行气密性检查；存在多条气体管路的房间须张贴详细的管路图。

（17）独立的气体气瓶室应通风、不混放、有监控，并有专人管理和记录。

6.6 真空设备的安全使用

真空设备是产生、改善和维持真空的装置，包括真空应用设备和真空获得设备，是实验室常用的压力仪器之一，常见的有真空泵、真空锅炉等。对于真空设备除了简单的防水、防火、防潮以外，同样要求每个操作者认真阅读操作规则，谨慎操作，常见的真空泵、真空锅炉应遵守以下操作规范。

1. 操作前的准备工作

将设备放置在水平、通风、干燥处，将真空机组抽气口与被抽系统连接好，密封一定要严密，不允许有泄露点存在。检查真空泵系统的油位及油杯中的润滑油是否符合要求，连接好电源线和接地线，检查是否有其他不安全因素。

2. 真空设备的安全使用要求

（1）裸露的运动部件需配置保护装置进行预防保护。

（2）真空设备在使用过程中，其真空部件要有足够的强度承受挤压，在无法消除此类隐患的地方，需要设置防压装置来控制弹射物。

（3）定期检查真空设备。真空设备的主要技术性能（真空度等）达到设计要求或满足工艺要求，附属设备（冷凝器等）齐全；设备运转平稳，声响正常，无过热现象，封闭良好；各种仪表（如真空表等）指示值正确，并定期进行校验；各阀门启闭灵活，密封良好，无泄露现象；管道无泄漏，并定期检查；电气线路安全可靠，有接地保护措施，电气装置（控制柜）可靠，电气仪表指示正确；安全防护装置齐全可靠，设备及冷却系统设施整洁、无锈蚀。

第7章

仪器设备使用安全

仪器设备是进行科学实验的基础，为了确保人身安全、仪器安全，使用者应遵循仪器设备操作安全规则。高等学校实验室常用的仪器设备有玻璃仪器、高温仪器、低温仪器、旋转机械仪器、起重机械、振动仪器、激光器、紫外线设备、微波设备以及一些贵重仪器设备等。这些装置都具有危险性，如果操作错误，可能会引起大的安全事故，所以在使用这些仪器设备时必须做好充分的预防措施并谨慎操作，以确保工作人员安全和仪器安全。

7.1 仪器设备管理制度

仪器设备管理制度条例如下：

（1）仪器设备购置后，需按照购买合同进行验收，建立"仪器设备台账"和危险源登记。

（2）大型仪器、危险仪器应有安全管理制度，有安全操作规程并挂在仪器设备旁边或贴在设备上。

（3）危险设备应贴有警示标志。

（4）大型仪器、危险仪器使用人员需经过培训、考核合格后方可上岗。

（5）国家规定需要持证上岗操作的仪器设备，使用人必须持有效上岗证。

（6）严禁仪器设备超量程、超负荷、带故障运行。

（7）开机实验期间，使用人不得离开实验岗位。

（8）大型仪器、危险仪器的搬运、安装必须由专业人员进行。

（9）仪器设备有故障时，实验人应立即关机并报告设备管理人，等待专业技术人员维修。

（10）仪器进行维修或清洁时，应先断电并确保无人能开启仪器后再进行。

（11）操作危险仪器时，需要至少2人在场，但禁止2人同时操作仪器。

（12）夜间连续运行的仪器设备，必须有人看管。

7.2 玻璃仪器

按玻璃的性质不同，可以将玻璃仪器简单地分为软质玻璃仪器和硬质玻璃仪器两类。软质玻璃承受温差的能力、硬度和耐腐蚀性都比较差，但透明度比较好，一般用来制造不需要加热的仪器。硬质玻璃是一种硼硅酸盐玻璃，具有良好的耐受温差变化的性能，用它制造的仪器可以直接加热。硬质玻璃的硬度较高、质脆、抗压能力强，但抗拉能力弱、导热性差，稍有损伤或局部温差都易断裂或破碎。在使用玻璃仪器时容易出现意外破损，需采取适当的安全防范措施，将危险性降至最低。

玻璃仪器使用时应注意如下事项：

（1）剪切或加工玻璃管及玻璃棒时，必须戴防割伤手套。

（2）玻璃管及玻璃棒的断面要用锉刀锉平或用喷灯熔融，使其断面圆滑后再使用。

（3）玻璃器具在使用前要仔细检查，不得使用有裂痕的玻璃仪器。对用于减压、加压或加热操作的玻璃仪器，必须认真检查后方可使用。

（4）组装烧瓶等实验装置时，防止夹具拧得过紧使玻璃容器破损。

（5）加热和冷却玻璃仪器时，要避免骤热、骤冷或局部加热的现象。

（6）不能在玻璃瓶和量筒内配制溶液，配制溶液产生的溶解热可能造成容器破损。

（7）壁薄和平底的玻璃容器禁止进行加压或抽真空实验。

（8）壁薄的玻璃容器要轻拿轻放。

（9）一般情况下，不得对密闭的玻璃容器加热。

（10）玻璃碎片要及时清理并放入指定的位置。

7.3 ▶ 高温仪器

实验中使用高温仪器的地方很多，还可能与高压等条件组合。实验室常用的高温仪器主要有熔炼炉、箱式高温炉、管式高温炉、烘箱、马弗炉、加热浴等。

在高温条件下进行实验，如果操作错误，除可能发生烧伤等事故外，还会有引起火灾或爆炸之类的危险。使用高温仪器设备时须注意以下几点：

（1）防护高温对人体的辐射。

（2）使用高温设备的实验，需要在防火建筑内或者配备有防火设施的室内进行实验，保持室内通风良好。

（3）根据实验性质，配备合适的灭火设备。

（4）高温设备放置于耐热性差的实验台上进行实验时，装置与台面之间要保留 1cm 以上的间隙，防止台面着火。

（5）根据温度的不同，选择合适的容器材料和耐火材料。

（6）高温实验禁止接触水。

（7）高温实验时衣服有着火的可能，务必选用脱除方便的服装。

（8）使用干燥的手套。

（9）需要长时间注视赤热物质或高温火焰时，必须戴防护眼镜。

（10）对发出很强紫外线的等离子流焰及乙炔焰的热源，除使用防护面具保护眼睛外，还要注意保护皮肤。

（11）处理熔融金属或熔融盐等高温流体时，必须穿上防护鞋。

（12）操作人员不得擅自离岗。

（13）高温设备须放置在阻燃的、稳固的地面或实验台上，其周围不得放置易燃易爆物或杂物。

7.4 ▶ 低温仪器

实验室常用的低温仪器有冷冻机、超低温冰箱、液氮罐等。在低温操作的实验中，为达到低温的效果，经常采用干冰冷冻剂和低温液化气体，具有相当大的危险性，操作低温仪器设备时须注意以下几点：

（1）必须熟知低温实验的原理、过程等技术理论。

（2）操作低温实验前，必须佩带相应的防护手套，使用相应的实验器具、工具等，操作过程中必须小心仔细，防止手指、手臂、腿脚等身体部位直接接触冷冻液或低温部件。

（3）必须熟知冷冻实验通常使用的诸如液氮、氨、氟利昂、甲烷、乙烷及乙烯等冷冻剂的性能和使用原理，同时必须熟知冷冻设备的运作原理和操作须知，所使用的冷冻剂必须与所用的仪器设备相匹配。

（4）进入低温实验室前，必须检查室内温度，选择必要的防护措施，同时告知其他实验人员；检查低温实验室的出入口是否受控，防止长时间实验室外门完全关闭；低温实验结束后，除进行必要的水、电、门、窗、气等常规检查外，还必须认真检查实验室内是否有其他人员。

（5）低温实验室内除配备必要的消防器材等安全设施外，还必须配备足够的防寒服、防寒手套等防护措施以及冻疮膏等防护药。

（6）低温实验室必须定期进行必要的设备安全检查，一旦出现故障，及时报告实验室管理人员。未经许可，不允许进行拆卸处理。

（7）低温设备应放置于通风良好处，周围不得有热源、易燃易爆物和气瓶等，且保证有一定的散热空间。

7.5 旋转机械仪器

实验室常见的旋转机械仪器有抛光机、研磨机、砂轮、切割机、数控车床等。使用旋转机械仪器时，常常给初学者带来伤害，因此，必须在熟练操作者的指导下，掌握正确的操作方法再进行操作。操作旋转机械仪器设备的注意事项有如下几条：

（1）操作机床时，要用标准的工具。

（2）机械操作常因加工材料的种类、形状等的变化而引发事故，所以要加以注意。

（3）对机械的传动部分（如旋转轴、齿轮、带轮、传动带等），要安装保护罩，以防直接用手去摸，对大型机械要注意，即使切断了电源，也要经过一定时间才能停止转动。

（4）即便是停着的机械，也无法避免有不明情况的其他人合上电源开关的情况。因此，对其进行检查、维修、给油或清扫等作业时，要把启动装置锁上或挂上标志牌。

（5）停电时，一定要切断电源开关和拉开离合器等装置，以防再送电时发生事故。

（6）工作服必须做得合适，使其既不会被机械缠绕，又能轻便灵活地进行操作，工作服要把袖口、底襟束好。穿安全靴，决不可穿拖鞋或高跟装。操作旋转机器不能戴手套，要戴帽子、防护面罩及防护眼镜。

（7）正确穿戴好个人防护用品。该穿戴的必须穿戴，不该穿戴的就一定不要穿戴。

（8）操作前要对机械设备进行安全检查，确认正常后，方可投入运行。

（9）机械设备在运行中也要按规定进行安全检查。

（10）设备严禁带故障运行。

（11）机械安全装置必须按规定正确使用，绝不能将其拆掉不使用。

（12）机械设备使用的刀具、夹具以及加工的零件等一定要安装牢固，不得松动。

（13）机械设备在运转时，严禁用手调整；也不得用手测量零件，或进行润滑、清扫杂物等。如必须进行时，则应首先关停机械设备。

（14）机械设备运转时，操作者不得离开工作岗位，以防发生问题时无人处置。

（15）在旋转机械运行启动期间，除了正在进行操作的人员以外，其他人应远离并站在转动机械的轴向位置以防转动部分零件飞出伤人。

（16）旋转机械应定期检修，发现异常及时上报。

7.6　起重机械

使用起重机械时的注意事项包括如下几条：

（1）起重机械的管制范围：额定起重质量大于等于 0.5t（吨）的升降机；额

定起重质量大于等于 3t（或额定起重力矩大于等于 40t·m[⊖]的塔式起重机，或生产率大于等于 300t/h 的装卸桥），且提升高度大于等于 2m 的起重机。

（2）起重机械在使用前，必须确定设备是否具有特种设备使用登记证、检验合格证，并确定证件是否均在有效期内。

（3）起重机械操作人员必须经过培训，持证上岗，并严格按照操作规程正确操作。

（4）起重机械不得起吊超过额定质量的物体。

（5）在起重机械操作范围内，起重臂和起吊重物下严禁站人。

7.7 ▶ 振动仪器

使用振动仪器时的注意事项包括如下几条：

（1）振动仪器设备必须按照设备安装要求，在地面建造坚实地基，牢固安装后方可使用。

（2）发生强烈振动与噪声的实验室，其地面、墙壁、天花板、窗户必须安装减振吸声材料。

（3）对发生振动与强烈噪声的源头，必须安装在减振基座上，须有减振和降噪的措施，使振动与噪声降到国家或部委制定的相关规定的安全范围内。

（4）在发生振动与强烈噪声的实验室进行实验时，不准开窗户。

（5）进行振动及噪声大的实验，需要提前与实验室管理负责人联系，批准后方可进行，实验过程中，实验人员必须佩戴护耳等个人防护装备。

7.8 ▶ 激光器

激光器能放出强大的激光光线（可干涉性光线），若用眼睛直接注视，会烧坏视网膜，严重时将导致失明，同时还有被烧伤的危险。使用激光器的注意事项包括如下几条：

（1）必须戴防护眼镜。

（2）防止反射光射入眼睛，需要十分注意射出光线的方向，并同时查明没

⊖ t·m，即吨·米，为工程中使用的非法定计量单位，$1t·m \approx 1 \times 10^4 N·m$。——编辑注

有反射壁（面）存在。

（3）最好把整个激光装置都覆盖起来。禁止在开放空间内使用激光。

（4）对放出强大激光光线的装置，要配备捕集光线的捕集器。

（5）因为激光装置使用高压电源，操作时必须加以注意。

（6）在所有激光区域内张贴警告标识。

（7）操作激光装置时必须穿戴工作服、护目镜等防护装备。

（8）激光器工作时，必须有人看管。

7.9 紫外线设备

使用紫外线时的注意事项包括如下几条：

（1）紫外灯安全要符合规定，安装位置距离操作台面 60~90cm。

（2）从事紫外线工作时，需佩戴紫外线吸收类型的安全防护眼镜。

（3）紫外灯和日光灯开关有明显的提示标志。

（4）紫外灯和日光灯不能同时开启。

（5）不能在开启的紫外灯下工作。

（6）房间有人时，一定要关闭紫外灯。

（7）眼睛不得直视紫外灯。

（8）保护实验人员的皮肤免受紫外线可能导致的灼伤。

（9）屏蔽紫外线的散射光和泄露的紫外线。

7.10 微波设备

使用微波设备时的注意事项包括如下几条：

（1）操作微波炉时，请勿在门缝置入任何物品，特别是金属物体。不要在炉内烘干布类、纸制品类。

（2）微波炉工作时，切勿贴近炉门或从门缝观看，以防止微波辐射。

（3）切勿将密封的容器置于微波炉内，以防容器爆炸。

（4）如果炉内着火，应紧闭炉火，并按停止键，再进行调校或关闭计时，然后拔下电源。

（5）经常清洁炉内，使用中性洗涤液清洁炉门及绝缘孔网，切勿使用具有腐蚀性的清洁剂。

7.11 贵重仪器设备

大型精密仪器设备是高等学校实验室资产的重要组成部分，在教学、科研中有着十分重要的作用，大型精密仪器设备价格昂贵，属于贵重资产，一旦出现使用不当，就会造成重大损失，为确保大型精密仪器设备正常运行，必须对其加强安全管理，师生在使用前必须充分了解贵重仪器设备的安全注意事项。

（1）所有贵重仪器需经过管理教师培训考核，能独立正确地操作。未经过培训考核，或虽经培训但尚未完全掌握操作规程，均不允许单独开机操作。

（2）使用人在使用仪器过程中不得离开实验岗位。

（3）保持室内卫生整洁，无关物品和试剂不准带入室内，使用完毕后，须打扫室内卫生，擦拭整理仪器和桌面。必须经仪器管理教师检查同意后方可离开；离开前注意检查各种电源是否关闭，特别是空调，以确保安全。

（4）使用仪器过程中出现异常情况应及时向管理教师通报，并如实记录。

（5）未经管理人员同意，任何人（含值班人员）不得私自进入仪器室使用相关设备。

（6）贵重仪器使用必须做好使用记录。

（7）贵重仪器的零部件应妥善保存，避免损坏和丢失。

（8）贵重仪器配备的计算机必须专用。

第8章

辐射安全

辐射指能量以波或粒子的形式从辐射源发散到空间，包括核辐射、电磁辐射、热、声、光等辐射形式。

8.1 辐射基础知识

8.1.1 电离辐射

电离辐射是指携带足以使物质原子或分子中的电子成为自由态，从而使这些原子或分子发生电离现象的能量的辐射，电离辐射的特点是波长短、频率高、能量高。

自然界存在的不稳定核素的原子核会自发地转变成另一种原子核或另一种状态，并伴随一些粒子的发射，原子核自发地放射各种射线的性质，称为放射性。而能够自发地放射各种射线的核素，称为放射性核素。对放射性核素加温、加压或加电磁场等，都不能抑制或显著地改变射线的发射。放射性现象是由原子核的变化引起的，与核外电子状态的改变关系很小。放射性物质的原子核发生衰变时释放出的射线能量较高，使物质发生电离，所以核辐射也称为电离辐射，电离辐射主要有 α 射线辐射、β 射线辐射、γ 射线辐射、X 射线辐射和中子辐射等。其中，X 射线和 γ 射线是电磁波，但是由于能量较高，已经进入电离辐射的范畴。

放射性物质所放出的射线可对人体组织造成伤害，具有或大或小的危险性，可致病、致癌，甚至可致死。人体长期或反复受到允许放射剂量的照射能使人体细胞改变机能，白细胞增加，眼球晶体浑浊，皮肤干燥、毛发脱落、内分泌失调，也可能损伤遗传物质，引起基因突变和染色体畸变，使一代甚至几代人受害。

原子核自发地放射出的射线，主要由以下 3 种成分组成：

α 射线：在磁场或者电场中发生偏转，能量一般为 4~6MeV，速度接近光速的 1/10，穿透能力很弱，用一张普通的纸就能把它挡住，在空气中也只能飞行几厘米就被吸收掉了，但它的电离作用很强，在穿过空气时可以电离空气，能够发生 α 衰变的原子核都为重核，质量数 A 小于 140 的原子核不具有 α 放射性。大多数重核都具有 α 放射性。

β 射线：β 射线是高速运动的电子流，能量为 MeV 级的 β 粒子速度接近光速，穿透能力比 α 射线强，可穿过几毫米厚的铝板，电离作用比 α 射线弱，但也能使空气电离。

γ 射线：在磁场或者电场中不发生偏转，是一种不带电的中性粒子，研究表明，γ 射线是一种波长短，能量大的电磁波。它从原子核里面发射出来，不带电，以光速运动。γ 射线能量一般在几十千电子伏至几兆电子伏，穿透能力很强，能量为兆电子伏级的 γ 射线能穿过几十厘米厚的铝板。

X 射线是一种频率极高、波长极短、能量很大的电磁波，X 射线虽然是电磁波，但是由于能量较高，已经进入电离辐射的范畴。X 射线的频率和能量仅次于 γ 射线，频率范围在 30PHz~30EHz 之间，对应波长为 0.01~10nm，能量为 124eV~124keV，X 射线具有穿透性。

8.1.2 电磁辐射

电磁辐射是由同向振荡且互相垂直的电场与磁场在空间中以波的形式传递动量和能量，其传播方向垂直于电场与磁场构成的平面。电场与磁场的交互变化产生电磁波，电磁波向空中发射或传播形成电磁辐射。电磁辐射是由空间共同移送的电能量和磁能量所组成的，而该能量是由电荷移动所产生的。

电磁"频谱"包括形形色色的电磁辐射，从极低频的电磁辐射至极高频的电磁辐射。两者之间还有无线电波、微波、红外线、可见光和紫外光等。

8.1.3 辐射对人体的危害

⚠ 电离辐射的危害

辐射粒子与 DNA 分子的直接作用或产生的自由基与 DNA 分子的间接作用，

可能造成 DNA 分子的单链断裂或双链断裂。单链断裂细胞可自行修复，双链断裂可造成错误修复（变异），甚至细胞死亡。这些有害的效应可分为两类：辐射效应显现在受照者本人身上的效应，称为躯体效应；出现在受照者后代身上的效应称为遗传效应。

⚠ **电磁辐射的危害**

热效应：人体的 70% 以上都是水，水分子内部的正负电荷中心不重合，是一种极性分子，而这种极性的水分子在接受电磁辐射后，会随着电磁场极性的变化做快速重新排列，从而导致分子间剧烈撞击、摩擦而产生巨大的热量，使机体升温。当电磁辐射的强度超过一定限度时，将使人体体温或局部组织温度急剧升高，破坏热平衡而损害人体健康。随着电磁辐射强度的不断提高，呈现出对人体的不良影响也逐渐突出。

非热效应：人体的器官和组织都存在微弱的电磁场，它们是稳定和有序的，一旦受到外界低频电磁辐射的长期影响，处于平衡状态的微弱电磁场即会遭到破坏。低频电磁辐射作用于人体后，体温并不会明显提高，但会干扰人体的固有微弱电磁场，使血液、淋巴和细胞原生质发生改变，造成细胞内的脱氧核糖核酸受损和遗传基因发生突变等。

累积效应：热效应和非热效应作用于人体后，对人体的伤害尚未来得及自我修复之前（通常所说的人体承受力——内抗力），再次受到电磁辐射的话，其伤害程度就会发生累积，久之会成为永久性病态，甚至有可能危及生命。对于长期接触电磁辐射的群体，即使受到的电磁辐射强度较小，但是由于接触的时间很长，所以也可能会诱发各种病变，应引起警惕。

8.2　辐射安全防护

8.2.1　安全防护目的

辐射防护的基本任务是保护环境、保障从事放射性工作人员和一般居民的健康与安全，保护他们的后代。辐射防护的目的是在保证不对伴随辐射照射的有益实践造成过度限制的情况下为人类提供合适的保护。具体来说就是要防止有害的确定性效应，限制随机性效应的发生率，使之达到被认为可以接受的水平。

8.2.2　辐射防护原则

尽量减少或避免射线从外部对人体进行照射，使人体所接受的照射剂量不超过国家规定的剂量限值。

辐射防护有三要素：时间、距离、屏蔽。累积剂量与受照时间成正比，故须充分准备，缩短受照时间。在辐射源为点源的情况下，剂量率与距离的平方成反比，故需要远离操作，任何辐射源都不能直接用手操作。屏蔽防护中，根据辐射源的类型、射线能量、活度，选择适当的材料和相应的厚度进行屏蔽。

8.2.3　高等学校实验室防辐射工作注意事项

（1）使用放射性元素或射线装置的人员必须是年满18周岁、具备高中以上文化程度，体检符合放射性职业要求的正式职工。

（2）从事放射、辐射工作的人员必须经过岗前培训，必须遵守放射性相关法规，掌握防护知识，经省级以上环保部门培训，考核合格，取得辐射工作人员培训合格证方可上岗。

（3）辐射工作人员必须正确佩戴个人剂量计，接受个人剂量监督。

（4）购买放射性核素及放射装置必须向实验与设备管理中心申请批准备案，经当地环保部门审批，办理准购证后到指定厂家购买。放射源必须按规定妥善保管，不得丢失。

（5）严格区分放射性与非放射性废弃物，并妥善保管放射性废弃物。

（6）学生做放射性实验前，必修接受安全防护知识培训和安全教育，指导教师对学生负有监督和检查的责任。

（7）放射性实验必须在经主管部门批准的专用实验室内操作，严格执行操作规程，避免放射性事故的发生。

（8）实验室相关人员必须高度重视放射、辐射实验室安全管理及放射源的安全防护工作，严格按照国家相关法律法规操作。

（9）凡具有放射、辐射的实验室或放置放射源的房间必须安装辐射警示标志，各种防护设施必须符合国家标准并通过相关部门验收。

（10）放射、辐射实验室必须安装相应的通风设备，放射、辐射实验室未经许可，不允许随意进入。

（11）放射、辐射实验室必须安装灵敏度高、稳定性好的放射性计量仪器和装置。

（12）严格按照操作规程进行实验操作。

（13）不允许对放射、辐射仪器擅自进行拆卸处理。

第9章

实验室个人防护及应急装备

　　个人防护用品是指在劳动生产过程中使劳动者免遭或减轻事故和职业危害因素的伤害而提供的个人保护用品。个人防护用品直接对人体起到保护作用，也称为个人防护装备，其主要作用是在一定程度上保护实验人员，减少实验过程中的有毒有害液体、气体或误操作等对人体所造成的伤害。个人防护装备作为一种控制策略，可以减少操作人员接触生物、化学和物理材料的危害，被视为应对危害的最后一道防线。需要注意的是，个人防护装备不能够代替外界的防护设施，安全的规范操作在实验过程中是非常重要的一个环节，两者相互结合，才能确保实验人员的安全和健康，保证实验正常进行。

9.1 个人防护用品概述

　　在选用个人防护装备之前首先要对实验过程进行危险性评估，确定危险源。选用个人防护用品的基本要求是确保防护的最低水平高于受到伤害时的最高水平。

　　个人防护装备所涉及的防护部位主要包括眼睛、头面部、躯体、手、足、耳以及呼吸道，其装备包括安全眼镜、护目镜、口罩、面罩、防毒面罩、帽子、防护衣、实验服、隔离衣、连体衣、围裙、手套、鞋套以及听力保护器等。

9.2 个体防护装备的选用与管理

　　防护用品的选用一般根据国家标准、行业标准或地方标准选用，或根据生产作业环境、劳动强度以及生产岗位接触的有害因素进行选择。防护用品要求穿戴舒适方便，不影响实验操作。个人防护用品的设计应安全、轻便、舒适、方便。

使用个人防护用品前应仔细检查，不得使用标志不清、破损的防护用品和三无产品。在危害评估的基础上，按不同级别的防护要求选择适当的个人防护装备及类型，工作人员要充分了解实验工作的性质和特点，正确使用个人防护装备。任何个人和组织都不能违反防护要求和规律，擅自或强令他人（或机构）在没有适当个人防护的情况下进入该类实验室工作。

任何个人防护用品的防护性能都具有一定的局限性，即使是正确选择和使用个人防护装备，能将当时实验室内的微小环境条件下进入人体的有害物质的威胁降低到最低程度，但不是绝对安全。因此在实验室操作时，需要充分考虑在整个实验过程中是否需要采取组合使用个人防护装备进行保护。

个人防护用品使用注意事项：定期对自己的防护用品进行维护和保养，要按照说明书进行清洁保养，以免发生意外；个人防护用品的存放应有固定的地点和位置，或者个人标记，避免混用误用；若防护用品破损、过期、失效、丢失应及时报备；眼及面部防护装备对清洁度的要求很高，必须进行定期的消毒和清洁。

实验室应建立个人防护用品的检查与监督机制，开展自检、互检、巡检等活动，发现违规行为及时纠正并教育，如此可以保障实验安全顺利进行。

9.3 眼部保护

安全防护眼镜是一种特殊作用的眼镜，使用的场合不同对眼镜的需求也不同。防护眼镜在工业生产中又称劳保眼镜，分为安全防护眼镜和防护面罩两大类，作用主要是保护眼睛和面部免受紫外线、红外线和电磁波的辐射，防止粉尘、烟尘、金属和砂石碎屑，以及化学溶液溅射带来的损伤。

在实验中眼部受到伤害的影响大大超过其他伤害，几乎每一名受害人都是由于疏忽没有正确佩戴护目镜而造成伤害。液体飞溅、玻璃破碎的速度，远远超过人的反应速度，不要存有侥幸心理。很多人员误认为普通眼镜可以充当护目镜，但真实情况是普通眼镜无论其材质还是保护范围都达不到护目镜的效果，在事故严重时还会对人体造成二次伤害。在佩戴了护目镜、面罩、头盔等装备后，此类问题可以得到很好的解决，能极大地减轻眼部受到的伤害。

需要佩戴防护眼镜的一般人员为：实验工作人员、记录员、参观人员、在实验区域停留一定时间的人员等。危险源一般有：液体、玻璃器皿、化学蒸汽、强光、光辐射等。在该类实验室工作应该一直戴着有护罩的安全眼镜，根据实验的内容和危险性选择合适水平的护目镜。眼部防护产品的材质强度大，在发生意外时可以有效地保护眼睛，常用的眼部保护用品有安全眼镜（带护罩）、护目镜、面罩（防冲击）、屏障等。

佩戴隐形眼镜的实验人员应特别注意眼睛的保护，尤其是卫生防护，有害气体可能增加伤害的程度。

实验室使用的各种防护眼镜，可根据作用原理将防护镜片分为三类：反射型防护镜片，包含干涉型和衍射型；吸收型防护镜片；复合型防护镜片。

该类实验室还需要配备紧急洗眼装备，在实验人员的眼部可能受到腐蚀材料伤害的实验室都应该配备紧急洗眼器，设备位于紧急位置，方便使用。

9.4　呼吸系统的保护

实验人员在操作有刺激性的化学药品过程中，对呼吸系统的防护是非常有必要的，目的在于防止呼吸中毒和刺激呼吸道黏膜等有害影响。

长期处于实验环境中时，即使是低毒的气体也会损害身体健康，因此在实验的全过程中，只要涉及有毒有害的气体、有机和无机挥发物时，必须全程佩戴呼吸防护用品。呼吸防护用品轻便程度不同，防护程度也不同，在不同环境中应选用合适的防护用品，才能保证最大限度地保护工作人员的健康。

呼吸系统防护用具包括防尘口罩、防毒口罩、防毒面罩等，根据结构和原理，可分为过滤式（空气净化式）、隔绝式（供气式）两种类型。

9.5　手的保护

手是进行实验操作，与各种化学试剂、仪器设备近距离接触的部位，是最容易受到伤害的部位。

手套可以防护化学试剂、切割、划伤、擦伤、烧伤等多方面带来的伤害。由于安全疏忽没有佩戴手部防护用品或者佩戴不适当的手部防护用品带来的安全事故也屡见不鲜。

手部防护用品分为手套和防护套袖两大类，防护手套必须足够结实，确保在工作过程中不破损或开裂。手套分为耐酸碱手套、橡胶耐油手套、防毒手套、防静电手套和带电作业用绝缘手套等。其中应用最为广泛的是耐酸碱手套。

9.6 耳的保护

在实验中对耳朵的保护是非常重要的，护具不仅仅可以保护耳朵免受外部伤害，对听力的保护也起到关键的作用，实验室中由于各种机械运转等，现场噪声可能高达 80~100dB，为了减轻噪声对实验人员的影响，在无法消除噪声源的情况下，只能采取个人防护的办法。市场销售的防噪声用品有：硅橡胶耳塞、防噪声耳塞、防噪声棉耳塞、防噪声耳罩和防噪声头盔。这些防噪声用品分别由特殊硅橡胶、软橡胶、塑料、超细玻璃纤维、海绵橡胶等材料制成，分别适用于不同的噪声环境，可根据实际情况选择使用。当实验过程中出现潜在噪声时，需要为实验人员配备耳塞、耳罩、头盔等个人防护用品，这是防止噪声危害的最后一道防护措施。若实验者需要长期处于噪声环境工作，应定期对实验人员进行听力检测，发现听力异常需要及时休息和治疗，若听力出现损害则调换岗位。

实验室常用的听力护具系列产品主要有耳塞、耳罩和帽盔三类。

9.7 头部保护

在实验室，为防止意外飞溅物体伤害、撞伤头部，或防止有害物质污染，操作者应配戴安全帽或安全头盔进行头部防护。安全帽主要用于预防坠落物冲击头部；安全头盔则是提供全方位头部防护。

安全帽设计轻便，由帽壳、帽衬、下颚带等组成，主要保护头顶区域，不能防护面部、后脑和侧向冲击。安全帽按材质分为玻璃钢安全帽、ABS 塑料安全帽、PE 安全帽等类型。

安全头盔重量较大，由壳体、缓冲层、护目镜等多层结构组成，能保护头部上方、侧面及面部，实现头部全方位防护。安全头盔按材质分为玻璃钢头盔、合成树脂类头盔、碳纤维头盔等类型。

安全帽及安全头盔，一旦受到过冲击以后不得继续使用，必须更换新的安全帽或安全头盔。

9.8 实验室应急装备

在实验人员操作过程中，对于意外突发状况，应采取相关应急措施。在实验室配置相应的医疗急救装置及用品，可在一定程度上确保实验人员受到意外伤害时第一时间得到医疗救护，保障实验室人员健康。应急装备有急救药箱、喷淋器、洗眼器、洗脸器、自动体外除颤器等。

急救药箱：急救药箱一般有手提式和壁挂式两种，一般放置于实验室中醒目且便于取放的位置。应有专人负责和管理急救药箱，定期清查急救用品是否需要补充、是否过期需要更换。

喷淋器：喷淋器是紧急情况下进行全身冲淋的设备。当眼睛或身体接触到有毒有害物质时，紧急喷淋器可以提供紧急冲洗或冲淋，避免化学物质对人体的进一步伤害。紧急喷淋只是初步处理，不能替代医学治疗，严重情况需尽快就医。

洗眼器/洗脸器：洗眼器/洗脸器是用于冲洗眼部或脸部的设备。当发生有毒有害物质喷溅到实验人员脸部、眼部的情况时，用于暂缓有害物质对身体的进一步侵害，是一种迅速将危害降到最低的有效的安全防护用品。进一步的处理和治疗需要求助医生。

自动体外除颤器：自动体外除颤器又称自动体外电击器、自动电击器、自动除颤器、心脏除颤器及傻瓜电击器等，是一种便携式的医疗设备，可以诊断特定的心律失常，并且给予电击除颤，是无论专业人员和非专业人员都可以使用的用于抢救心脏骤停患者的医疗设备。突发心脏骤停时，只有在最佳抢救时间的"黄金4分钟"内，利用自动体外除颤器对患者进行除颤和心肺复苏，才是最有效的制止猝死的办法。

第 10 章

实验室废弃物处理及环境保护

　　高等学校实验室产生的废弃物排放量较少，对环境所造成的污染经常不被重视。从各类实验室排出的废弃物，特别是化学物质（如化学废气、废液、废渣等），尽管量少，但若未经处理就直排放到自然界中，长期如此其危害也不容小觑。由于实验室产生的废弃物大多数不同于生活垃圾，可能存在有毒有害、易燃易爆等不同特征，不合理的处理将会对周边环境造成严重的危害，因此，正确处理实验废弃物是必须做的工作，必须引起高度重视。

10.1　实验室废弃物的特点及危害

　　相比工业废弃物，实验室废弃物的特点在于量少、种类多，各种不同的污染物危害也不相同，会对周围的植物、动物、微生物以及其他生态环境（水体、气候、土壤等）带来不同程度的危害。

1. 大气污染

　　实验室的废气包括燃料燃烧废气、试剂和样品的挥发物、分析过程的中间产物、泄露和排空的标准气和载气等。比如硫化氢、氨、氯仿、四氯化碳、苯系物等均为刺激性气体，可造成呼吸道疾病或刺激眼睛角膜，导致造血系统及中枢神经系统损坏。在实验操作过程中，有些实验人员不按规范操作，只图方便省事。例如，使用正丁醇、乙醚、甲醛、二甲苯等的实验应在通风橱中进行，产生的废液回收后须进一步处理，而有些操作者直接在敞开的容器中完成操作，使整个实验室甚至楼道充满呛人的气味，造成了实验室的空气污染；更有甚者，在实验完毕后，不回收就直接将正丁醇等试剂反应的废液倒入水池内，随排水管道排放至室外，使污染领域进一步扩大。

2. 废液污染

实验室的教学和科研中用到的大量化学试剂，很多是有毒性的，如果不加以处理，直接排入城市污水管网，可能会超过《污水排入城市下水道水质标准》的要求，直接对环境造成二次污染。

3. 过期药品、试剂污染

由于实验项目或研究课题的变换，用过的、剩余的药品或试剂就会长期保存，导致过期。累积多了，有些实验人员就把这些过期的药品、试剂丢弃到垃圾桶，很多有毒试剂、重金属试剂就随垃圾一起被拉到郊外搁置或埋藏，造成当地的土壤和水质的严重污染。人和牲畜长期饮食含有这些污染的水质和吸收了这些离子的植物，会造成神经性的损害，严重的还能导致神经错乱甚至死亡。

10.2 实验室废弃物的分类及存储

10.2.1 实验室废弃物的分类

严格将实验室废弃物进行分类和收集是实验室废弃物进行处理的前提条件，也是国家法律和法规的要求。当然，每个实验室和实验产生的废弃物的种类分布不同，有的实验室废弃物主要是酸碱废液，有的实验废液包含大量溶剂，应该根据实验室实验的特点，结合国家标准、法律和法规对实验室废弃物进行分类收集。

实验室废弃物大致分类如下：

化学性废物：包括有机物废物和无机物废物。有机物废物如农药、黄曲霉素、亚硝胺等；无机物废物如强酸、强碱、重金属（如汞、砷、铅、镉、铬）等。

放射性废物：包括放射性标记物和标准溶液。

废水：包括多余的样品、样品分析残液、失效的贮藏液和洗液、大量洗涤水等。这些废水中可能含有有机物、重金属离子、有害微生物等。

废气：包括试剂和样品的挥发物、分析过程的中间产物、泄漏和排空的标准气和载气等。常见的废气有酸雾、甲醛、苯系物、各种有机溶剂、汞蒸气等。

固体废物：包括多余样品、合成与分析产物、过期或失效的化学试剂、消耗或破损的实验用品（如玻璃器皿、纱布）。

10.2.2　实验室废弃物的收集

实验室废弃物收集一般有以下三种方法：

分类收集法：按废弃物的类别性质和状态不同，分门别类收集。

按量收集法：根据实验过程中排出的废弃物的量的多少或浓度高低予以收集。

相似归类收集法：按性质相似或处理方式相似的方式归类收集。

由于一般单位和研究机构不能自行处理实验室废弃物，为与专业的实验室废弃物回收处理公司协作，在实验室需按照实验室废弃物回收处理公司的要求进行废弃物的分类、收集、包装和标识。

10.2.3　实验室废弃物的前处理

由于实验室废弃物的制造者最熟悉产生的废弃物，因此产生后及时处理相比实验室废弃物处理公司的处理容易得多，并且能大大减少实验室的废弃物产生量，许多时候还能变废为宝，继续利用。目前对实验室废弃物的前处理方法包括：回收再利用、稀释法、中和法、氧化法和还原法。

10.2.4　实验室废弃物的储存和管理

实验室必须设置危险废弃物存放柜（箱、架），并设有明显的警示标志。若存放地点在室内，要做到安全、牢固，远离火源、水源。废液容器须贴上专业的标签纸，填写清楚标签纸上的内容，以明确每个收集桶是用来收集哪种类别的废液。标签上的记录数据至少包括下列几项：废液名称、废液特性的标志、产生单位、存储期间、储存数量。过期试剂、药剂、浓度过高或反应性剧烈的溶液等不得倒入收集容器内，应连原包装物一起收集进行处理。标签粘贴位置应明显使相关人员易于辨识标签上所记载的内容，以便于废液的分类收集、储存及后续处理处置。

1. 对直接盛装危险废弃物的容器的要求

直接盛装危险废弃物的容器必须满足以下要求：

（1）容器的材质必须与危险废弃物相容（不互相反应）。

（2）容器要满足相应的强度和防护要求。

（3）容器必须完好无损，封口严紧，防止在搬动和运输过程中泄露、遗撒。

（4）每个盛装危险废弃物的容器上都必须粘贴明显的标签（或原有的，或贴上新的标签，注明所盛物质的中文名称及危险性质），标签不能有任何涂改的痕迹。

（5）凡盛装液体危险废弃物的容器都必须留有适量的空间，不能装得太满。

2. 废液收集桶使用注意事项

实验室往往需要放置废液收集桶，对于临时存储的危险废弃物必须做到：

（1）按类分别存放，不相容的物质应分开存放，以防发生危险。

（2）易碎包装物及容器容量小于 2L 的直接包装物应按性质不同分别固定在木箱或牢固的纸箱中，并加装填充物，防止碰撞、挤压，以保证安全存放。

（3）直接盛装危险废弃物的容器在存储过程中（含在间接包装箱中）应避免倾斜、倒置及叠加码放。

（4）存量不宜过多。

（5）实验室的危险废弃物存储时间不宜超过 6 个月。

3. 已收集的实验室废弃物存放注意事项

已收集的实验室废弃物在存放时需注意以下几点：

（1）漂白粉和无机氧化剂的亚硝酸盐、亚氯酸盐、次亚氯酸盐不得与其他氧化剂混合存放。

（2）硝酸盐不得与硫酸、氯磺酸、发烟硫酸混合存放，无机氧化剂与硝酸、发烟硫酸、氯磺酸均不得混合存放。

（3）氧化剂不得与松软的粉状可燃物混合存放。

（4）遇水易燃烧的物质不得与含水的液体物质混合存放。

（5）无机剧毒物及有机剧毒物中的氰化物不得与酸性腐蚀物质混合存放。

（6）氨基树脂不得与氟、氯、溴、碘及酸性物质混合存放。

10.3 实验室废弃物处理

实验室废弃物处理的基本原则是危险废弃物的减量化、资源化和无害化，尽可能防止和减少危险废弃物的产生；对产生的危险废弃物尽可能通过回收利用，减少产生量，不能回收利用和资源化的危险废弃物应进行安全处置；安全填埋为危险废弃物的最终处置手段。

普通的废弃物按照其存在的状态来分，可以分为固体废弃物、液体废弃物和气体废弃物。对危险性废弃物处理时，一定要谨慎认真，否则达不到处理效果，还会危害人身健康和污染环境。

不同的废弃物有不同的处理方法，某些危险废弃物不宜长期储存或长途运输，因此要求在其产生地区就地处理和处置。对废弃物应该采用分类收集法，即按照废弃物的类别、性质、状态，分门别类收集。也可以根据实验过程中排出的废弃物的量的多少或浓度高低予以收集，或按照其性质或处理方式、方法等，相似的废弃物应收集在一起进行处理。对于特殊的危险废弃物应予以单独收集处理。

当废弃物浓度很小且安全时，可以直接排放到大气或排水沟中。对于危险性废弃物应尽量浓缩废液，使其体积变小，放在安全处进行隔离或储存；也可以利用蒸馏、过滤、吸附等方法将危险物分离，仅排放无危险的废弃物，危险物则放在安全地点进行隔离储存。

无论液体或固体，能安全燃烧的都可以通过燃烧的方法进行处理，但数量不宜太大。如不能燃烧时，则需要选择安全场所进行填埋处理，而不能将其裸露在地面上，一般有毒气体可通过通风橱或通风管道，经空气稀释后排出，大量有毒气体必须通过与氧气充分燃烧或吸附处理后才能排放。废液应根据其化学特性选择合适的容器和存放地点，通过密闭容器存放，不可混合存放。

10.3.1 固体废弃物的处理

固体废弃物是指那些在生产、生活和其他活动中产生的丧失原有利用价值或者虽未丧失利用价值但被抛弃或者放弃的固态、半固态和置于容器中的气态的物品、物质以及法律、行政法规规定纳入固体废物管理的物品、物质。实验室固体废弃物的处理应注意以下几点：

（1）黏附有害物质的滤纸、包药纸、棉纸、废弃活性炭及塑料容器等，不要丢入垃圾箱内，要分类收集。

（2）废弃物或不用的药品可交还仓库保管或用合适的方法处理。

（3）废弃玻璃物品要单独放入纸箱内，废弃注射器和针头统一放入专用容器内，注射管放入垃圾箱内。

（4）干燥剂和硅胶可用垃圾袋装好后放入带盖的垃圾桶内，废弃的固体药品包装好后集中放入纸箱内，放到集中放置点由专业回收公司处理。剧毒易爆危险品要进行预处理。

固体废弃物的处理方式主要有焚烧法和填埋法两种。

1. 焚烧法

燃烧法可实现危险废弃物的减量化和无害化，并可回收利用其余热。焚烧处置适用于不宜回收利用其有用组分、具有一定热值的危险废弃物。易爆废弃物不宜进行焚烧处置。焚烧设施的建设、运营和污染控制管理应遵循《危险废物焚烧污染控制标准》及其他有关规定。

焚烧是高温分解和深度氧化的过程，目的在于使可燃的固体废弃物氧化分解，借以减少容积，去除毒性并回收能量及副产品。焚烧法是城市垃圾资源化、减量化、无害化的一项有效措施，是除土地填埋之外的一个重要手段。

焚烧法的优点和缺点如下：

优点：把大量有害的废弃物分解成为无害的物质，并可以处理各种不同性质的废弃物，焚烧可以减少废弃物体积的90%，便于填埋处理。

缺点：投资较大，焚烧过程排烟造成二次污染，设备腐蚀现象严重。

2. 填埋法

填埋法适用于不能回收利用其组分和能量的危险废弃物，未经处理危险废弃物不得混入生活垃圾填埋场。安全填埋为危险废弃物最终的处置手段，危险废弃物填埋需满足《危险废物填埋污染控制标准》的规定。

卫生土地填埋是处置一般固体废物而不会对公众健康及环境安全造成危害

的一种方法，卫生土地填埋操作方法大体可分为场地选址、设计建造、日常填埋和监测利用等步骤。安全土地填埋是一种改进的卫生填埋方法，也称为安全化学土地填埋，安全土地填埋处置场地不易处置易燃性废弃物、反应性废弃物、挥发性废弃物、液体废弃物、半固体废弃物和污泥，以免混合后发生爆炸、产生或释放有毒有害气体和烟雾。

填埋法的优点和缺点如下：

优点：工艺简单、成本低，适于处置多种类型的固体废物。

缺点：场地处理和防渗施工比较难以达到要求。

10.3.2　废液的处理

废液应根据其化学特性选择合适的容器和存放地点，通过密闭容器存放，不可混合储存，容器标签必须标明废弃物种类、储存时间，定期处理。一般废液可通过酸碱中和，混凝沉淀、次氯酸钠氧化处理后排放，有机溶剂废液应根据其性质进行回收。

实验室产生的废液主要是化学性污染废液和生物性污染废液，另外还有放射性污染废液。实验室废液处理方法主要有焚烧法、吸附法、氧化分解法、水解法、生物化学处理法、好氧生物处理法。

1. 焚烧法

焚烧法是指将可燃性物质的废液，置于燃烧炉中燃烧。如果数量很少，可把它装入铁制或陶制容器，选择室外安全的地点进行燃烧，燃烧时必须监视至烧完为止。

对于难以燃烧的物质，可将其与可燃性物质混合燃烧，或者将其喷入配备有助燃器的焚烧炉中燃烧。对多氯联苯等难以燃烧的物质，往往会排出一部分未焚烧的物质，要加以注意；对含水的高浓度有机类废液，利用此法亦能进行焚烧。

对由于燃烧而产生 NO_2、SO_2 或 HCl 等有害气体的废液，必须用配备有洗涤器的焚烧炉燃烧，此时，必须用碱液洗涤燃烧废气，除去其中的有害气体。

对固体物质也可以将其溶解于可燃性溶剂中然后焚烧。

2. 吸附法

用活性炭、草屑及锯末之类能良好吸附溶剂的物质使其充分吸附后与吸附剂一起焚烧。原理是利用一种多孔性固体材料（吸附剂）的表面来吸附水中的溶解污染物（溶质或称吸附质），以回收或去除它们，使废水净化。

机理：固体表面的分子或原子因受力不平衡而具有剩余的表面能，当某些物质碰撞固体时，受到这些不平衡力的吸引而停留在表面上，这就是吸附作用。常用的吸附剂有活性炭、焦炭、炉渣、树脂、木屑以及黏土，对吸附剂的要求是有良好的吸附性、稳定的化学性、耐强酸强碱和抗水浸。

3. 氧化分解法

在含水的低浓度有机废液中，对易氧化分解的废液，用双氧水等物质将其氧化分解，然后按照无机类实验废液的处理方法加以处理。

4. 水解法

对有机酸或无机酸的酯类，以及一部分有机磷化合物等容易发生水解的物质，可加入氢氧化钠或氢氧化钙，在室温或加热下进行水解。水解后，若废液无毒害，将其中和、稀释后，即可排放。如果含有有害物质，需用吸附等适当的方法加以处理。

5. 生物化学处理法

生物化学处理法是利用活性污泥等物质并吹入空气进行处理废弃液的一种方法。向污水中投入某种化学物质，使它与污水中的溶解性物质发生互换反应，生成难溶于水的沉淀物，从而达到回收污水中某些污染物质，或使其转化为无害物质的目的。通常把加入的化学药剂称为沉淀剂，常用于含重金属、氰化物等工业生产污水的处理。

6. 好氧生物处理法

污水的好氧生物处理法就是利用微生物的新陈代谢功能，使污水中呈溶解和胶体状态的有机污染物被降解转化为无害的物质，使污水得以净化。

10.3.3　废气的处理

实验室废气处理主要是指针对实验室产生的废气如粉尘颗粒物、烟气烟尘、异味气体、有毒有害气体进行治理的一种净化手段，所有产生废气的实验必须备有吸收或处理装置。

选用废气处理方法时，应根据具体情况优先选用费用低、耗能少、无二次污染的方法，尽量做到化害为利，充分回收利用成分和余热，常见的废气处理方法包括吸附法、化学反应法、催化氧化法、直燃式氧化法、低温等离子法、生物氧化法、紫外线法。

吸附法：主要有物理吸附法和化学吸附法。物理吸附法主要是利用活性炭或土壤等多孔、稀松的独特结构，通过其吸附性吸收实验室产生的污染性气体；化学吸附法利用试剂中和或消化废气中的某些有害成分，从而达到清除废气的目的。

化学反应法：利用废气中的某些物质和某试剂能产生中和反应的特性，从而去除气体中污染性成分。

催化氧化法：在某些催化剂的作用下，使废气中的碳氢化合物在较低温度下迅速氧化成为无害气体或其他无害物质，从而达到净化的目的。

直燃式氧化法：用直接燃烧的方式来去除有机污染气体，但是该方法只能处理少量的废气，对于大量的废气不适用。

低温等离子法：在外加电场的作用下，电极空间里的电子获得能量加速运动，从而引发了使其发生激发、解离或电离等一系列的物理、化学反应，使得废气的某些基团的化学键断裂，从而达到净化的目的。

生物氧化法：利用微生物和废气接触，当气体经过生物表面时被特定的微生物捕捉并消化掉，从而使有毒有害污染物得到去除。

紫外线法：利用特制的高能高臭氧紫外线光束照射废气，改变气体的分子结构，使有机或无机高分子化合物分子链在高能紫外线光束照射下，降解转化为低分子无害化合物。

10.3.4　放射性废弃物处理

放射性废弃物是指具有放射性标记物或具有放射性的标准溶液等，实验过程中是否被放射性物质所污染，要通过检测仪的检查。放射性污染物的特点有：放射性污染物的放射性与物质的化学状态无关；每一种放射性核素都能放射出具有一定能量的一种或几种射线；每一种放射性核素都有一定的半衰期，不因气压、温度等因素而改变，且不同元素的半衰期也并不相同；除了反应条件外，任何化学、物理、生物的处理都不能改变放射性核素的性质；放射性废弃物进入环境后，可以随介质的扩散或流动在自然界稀释或迁移，还可以在生物体内被富集并由此而产生在人体内的放射性污染即内照射。

一般实验室的放射性废弃物为中低水平放射性废弃物，即使如此，一旦发现放射性污染物必须及时清除，以免污染扩散，影响人们的健康。

实验室对放射性废弃物处理的方法有以下几种：

（1）将实验过程中产生的放射性废物收集在专门的污物桶内，桶的外部具有醒目的标志，根据放射性同位素的半衰期长短，分别存储一定时间使其衰变和化学沉淀，浓缩或焚烧后掩埋处理。

（2）对于半衰期短的放射性同位素的废弃物，用专门的容器密闭后，放置于专门的储存室，放置 10 个半衰期后再排放或者焚烧处理。

（3）对于半衰期较长的放射性同位素的废弃物，液体可以用蒸发、离子交换、混凝剂共沉淀等方法浓缩，装入容器，集中埋于放射性废物坑内。

处理放射性废弃物时，一定要严格按照法律要求进行，绝对不能随意丢弃。

第 11 章

实验室安全事故应急处置

高等学校实验室一旦发生事故，如何快速高效地进行处置，将事故影响降到最低，需要充分了解和掌握实验室安全事故应急处置流程。

11.1 应急处置预案

应急处置预案是指在发生突发事件时，能够在短时间内配备人力、物资和资源，迅速采取措施，把突发事件的损失降到最低的一种措施。

实验室的显著位置应张贴单位负责人、管理部门、实验室负责人的电话。应根据实验室特点准备相应的应急物资，一般包括：急救药箱、工具、适合实验室使用的灭火器、灭火毯、房间消毒设备、划分危险区域界限的器材和警告标志、防护服、有效防护化学物质和颗粒的全面罩式防毒面具等。

11.2 实验室各类伤害应急处置

11.2.1 火灾爆炸事故

实验室火灾事故应急处置流程如图 11-1 所示。

11.2.2 漏电触电事故

实验室触电漏电事故应急处置流程如图 11-2 所示。

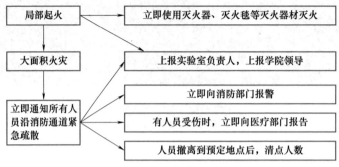

图 11-1　实验室火灾事故应急处置流程图

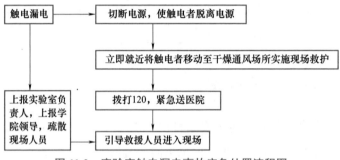

图 11-2　实验室触电漏电事故应急处置流程图

11.2.3　危险化学品泄漏事故

实验室危险化学品泄漏事故应急处置流程如图 11-3 所示。

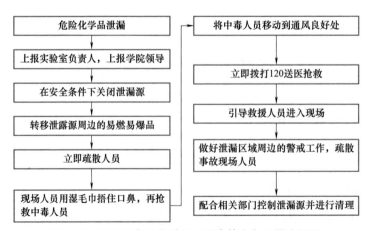

图 11-3　实验室危险化学品泄漏事故应急处置流程图

11.2.4 机械伤害事故

实验室机械伤害事故应急处置流程如图 11-4 所示。

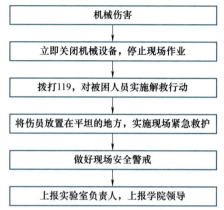

图 11-4 实验室机械伤害事故应急处置流程图

11.2.5 污染事故

实验室污染事故应急处置流程如图 11-5 所示。

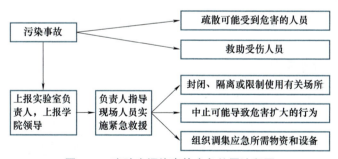

图 11-5 实验室污染事故应急处置流程图

11.2.6 仪器设备事故

实验室仪器设备事故应急处置流程如图 11-6 所示。

11.2.7 中毒事故

实验室中毒事故应急处置流程如图 11-7 所示。

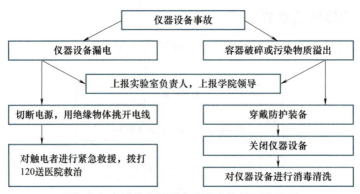

图 11-6 实验室仪器设备事故应急处置流程图

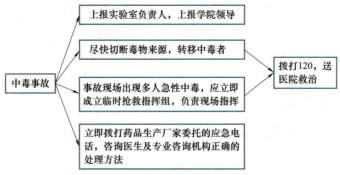

图 11-7 实验室中毒事故应急处置流程图

11.2.8 放射性事故

实验室放射性事故应急处置流程如图 11-8 所示。

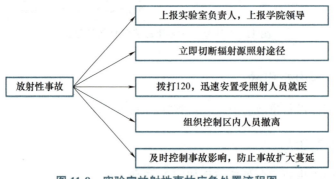

图 11-8 实验室放射性事故应急处置流程图

11.3　实验室安全事故应急处置规范

高等学校实验室发生事故后，在进行救援行动时应牢记以下原则：

1. 先救人，后救物

当实验室管理部门接收到事故报警消息时，应立即展开救援行动。救援队伍抵达现场后，根据现场事故情况，尽可能第一时间对被困人员予以救援。等到被困人员全部救出后，再结合事故发展情况与物品重要性，判断是否开展被困物品的救援。

2. 先控制，后清理

当发生火灾、爆炸、泄漏等事故时，应急救援队伍应先控制事故，尽可能避免事故现场发生二次事故。在事故现场被完全控制、完成现场安全性评估后，即可开展事故现场清理行动。

3. 统一指挥，分工协作

在发生事故时，应由消防救援部门和高等学校应急管理部门对救援行动进行统一指挥：消防部门负责现场救援的统一指挥，高等学校应急管理部门负责救援与善后工作的统一指挥。高等学校与消防部门从两方面充分协调事故救援行动，提高事故救援效率，降低事故后果的严重性。

第 12 章

实验室常用安全标志

安全标志是由图形符号、安全色、几何形状（边框）或文字所构成，用以表达特定的安全信息的标志。安全标志是向工作人员警示工作场所或周围环境的危险状况，指导人们采取合理行为的标志，当危险发生时，能够指示相关人员尽快逃离，或者指示相关人员采取正确、有效、得力的措施，对危害加以遏制。安全标志不仅类型要与所警示的内容相吻合，而且设置位置要正确合理，否则就难以真正充分发挥其警示作用。

12.1 基本术语

安全标志：用以表达特定安全信息的标志，由图形符号、安全色、几何形状（边框）或文字构成。

安全色：传递安全信息含义的颜色，包括红、蓝、黄、绿四种颜色。

禁止标志：禁止人们不安全行为的图形标志。

警告标志：提醒人们对周围环境引起注意，以避免可能发生危险的图形标志。

指令标志：强制人们必须做出某种动作或采用防范措施的图形标志。

提示标志：向人们提供某种信息（如表明安全设施或场所等）的图形标志。

12.2 高等学校实验室常用安全标志

12.2.1 禁止标志

禁止标志的基本型式为带斜杠的圆边框。颜色为红色，表达禁止、停止、危险的信息，图形符号用黑色，对比色为白色。

禁止标志用于存在危险隐患，需要绝对禁止某种行为的地方。在这些地方悬挂相应的禁止标志，杜绝不安全行为的发生。

表 12-1 列出了禁止标志。

表 12-1　禁止标志

<table>
<tr><td align="center">禁止吸烟</td><td align="center">禁止烟火</td></tr>
<tr><td align="center">禁止带火种</td><td align="center">禁止用水灭火</td></tr>
<tr><td align="center">禁止放置易燃物</td><td align="center">禁止堆放</td></tr>
</table>

（续）

禁止启动　　　　　　　　　　禁止合闸

禁止转动　　　　　　　　　　禁止乘人

禁止靠近　　　　　　　　　　禁止入内

（续）

禁止推动	禁止停留
禁止通行	禁止跨越
禁止攀登	禁止跳下

（续）

禁止倚靠

禁止坐卧

禁止蹬踏

禁止触摸

禁止伸入

禁止饮用

（续）

| 禁止穿化纤服装 | 禁止戴手套 |

12.2.2 警告标志

警告标志的基本型式为正三角形边框。颜色为黄色，表达注意、警告的信息，符号用黑色，对比色为黑色。

禁止标志用于存在危险隐患，需要警告某种行为的地方。在这些地方悬挂相应的警告标志，杜绝不安全行为的发生。

表 12-2 列出了警告标志。

表 12-2　警告标志

| 注意安全 | 当心火灾 |

（续）

当心爆炸　　　　　　　　　　当心腐蚀

当心中毒　　　　　　　　　　当心感染

当心触电　　　　　　　　　　当心电缆

（续）

当心自动启动　　　　　　　当心机械伤人

当心吊物　　　　　　　　　当心碰头

当心挤压　　　　　　　　　当心烫伤

（续）

当心伤手　　　　　　　　　当心夹手

当心扎脚　　　　　　　　　当心弧光

当心高温表面　　　　　　　当心低温

（续）

当心磁场	当心电离辐射
当心裂变物质	当心激光
当心微波	当心障碍物

（续）

当心跌落　　　　　　　　　　　当心滑倒

12.2.3　指令标志

指令标志的基本型式为圆形边框，颜色为蓝色，表达必须遵守规定的指令性信息。图形符号用白色。

指令标志用于有化学用品、有毒物品的地方，以及有放射源的地方等危险场所，在这些地方悬挂相应的指令标志，提示使用保护性用具，防止发生意外。

表 12-3 列出了指令标志。

表 12-3　指令标志

必须戴防护眼镜　　　　　　　　必须配戴遮光护目镜

（续）

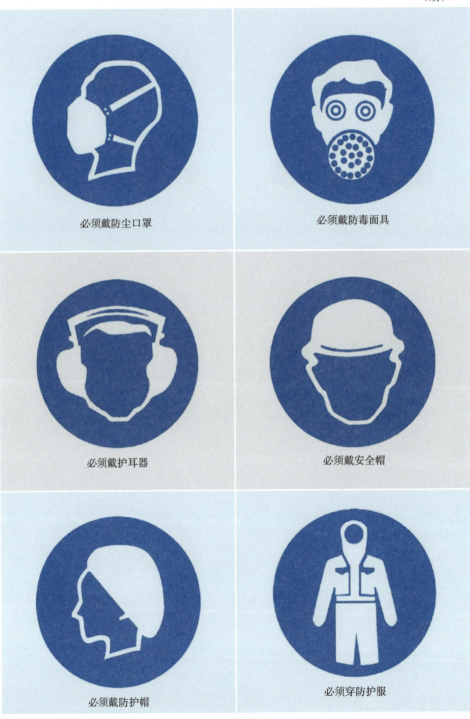

必须戴防尘口罩

必须戴防毒面具

必须戴护耳器

必须戴安全帽

必须戴防护帽

必须穿防护服

（续）

必须戴防护手套 必须穿防护鞋

必须洗手 必须加锁

必须接地 必须拔出插头

12.2.4　提示标志

提示标志的基本型式为正方形边框，颜色为绿色，表达安全的提示性信息。

111

对比色为白色。

表 12-4 列出了提示标志。

表 12-4　提示标志

<table>
<tr><td align="center">紧急出口（表示向左为出口方向）</td><td align="center">紧急出口（表示向右为出口方向）</td></tr>
<tr><td align="center">避险处</td><td align="center">应急避难场所</td></tr>
<tr><td align="center">可动火区</td><td align="center">击碎面板</td></tr>
</table>

12.3　文字辅助标志

文字辅助标志是对安全标志的补充说明，是安全标志和文字标志同时出现的一种表达方式。文字辅助标志有横写和竖写两种形式。（案例见表 12-5）

表 12-5　文字辅助标志案例

禁止吸烟	当心火灾
横写文字辅助标志	横写文字辅助标志
竖写文字辅助标志	竖写文字辅助标志

12.4 ▶ 消防安全标志

消防安全标志主要包括火灾报警装置标志、紧急疏散逃生标志、灭火设备标志、禁止和警告标志。

消防安全标志与安全标志有部分是重复的，因此，重复部分这里不再单独列出，表 12-6 主要列出消防安全标志中有但安全标志中没有的标志。

表 12-6　消防安全标志

（续）

灭火设备

手提式灭火器

推车式灭火器

消防炮

消防软管卷盘

地下消火栓

（续）

地上消火栓

消防水泵接合器

禁止阻塞

禁止闭锁

组合使用案例，表示消防按钮在左方

12.5 ▷ 危险化学品标签

　　危险化学标签是菱形边框，标签中的数字与危险化学品编号是一致的，比如标签中的数字"1"表示该化学品属于爆炸品，标签中的数字"7"表示该化学品属于放射性物质。表 12-7 列出了危险化学品标签。

表 12-7　危险化学品标签

危害环境物质和物品　　　　　　　爆炸性物质和物品

爆炸性物质和物品　　　　　　　　爆炸性物质和物品

（续）

爆炸性物质和物品　　　　　易燃气体

易燃气体　　　　　非易燃无毒气体

非易燃无毒气体　　　　　毒性气体

（续）

易燃液体	易燃液体
易燃固体	易于自燃的物质
遇水放出易燃气体的物质	遇水放出易燃气体的物质

（续）

氧化性物质

有机过氧化物

有机过氧化物

毒性物质

一级放射性物质

二级放射性物质

（续）

三级放射性物质

裂变性物质

腐蚀性物质

杂项危险物质和物品

参考文献　REFERENCES

［1］阳富强，余龙星，葛樊亮．高校实验室安全教育［M］．北京：化学工业出版社，2023．

［2］公衍生，龚成，王赟，等．高校实验室安全通识教育［M］．武汉：中国地质大学出版社，2024．

［3］胡洪超，将旭红，舒绪刚．实验室安全教程［M］．北京：化学工业出版社，2019．

［4］中华人民共和国国家质量监督检验检疫总局，中国国家标准化管理委员会．化学品分类和危险性公示　通则：GB 13690—2009［S］．北京：中国标准出版社，2009．

［5］中华人民共和国国家质量监督检验检疫总局，中国国家标准化管理委员会．安全标志及其使用导则：GB 2894—2008［S］．北京：中国标准出版社，2008．

［6］中华人民共和国国家质量监督检验检疫总局，中国国家标准化管理委员会．消防安全标志　第1部分　标志：GB 13495.1—2015［S］．北京：中国标准出版社，2015．

［7］中华人民共和国国家质量监督检验检疫总局，中国国家标准化管理委员会．危险货物分类和品名编号：GB 6944—2012［S］．北京：中国标准出版社，2012．

［8］中华人民共和国国家质量监督检验检疫总局，中国国家标准化管理委员会．危险货物包装标志：GB 190—2009［S］．北京：中国标准出版社，2009．

［9］中华人民共和国国家质量监督检验检疫总局，中国国家标准化管理委员会．放射性物品安全运输规程：GB 11806—2019［S］．北京：中国标准出版社，2009．

［10］中华人民共和国国家质量监督检验检疫总局，中国国家标准化管理委员会．火灾分类：GB/T 4968—2008［S］．北京：中国标准出版社，2008．